정지우

20년 이상 매일 쓰는 작가이자 저작권 분야 변호사.
법문화연구소(LCL) 대표. 문화평론가이자 방송인으로
KBS·MBC·JTBC 등의 문화비평 프로그램에 정기적으로
참여해 왔다. 청년문제를 문화예술로 해결하고자 하는
사단법인 오늘은의 이사장, 뉴스레터 '세상의 모든 문화'
발행인, 다양한 글쓰기·독서모임의 운영자로도 활동하면서
글 쓰는 삶을 실천하고 그와 관련된 일을 전방위적으로
기획·운영한다.
CBS『세상을 바꾸는 시간 15분』, tvN『프리한 19』, EBS
『비즈니스 리뷰』, KBS『TV비평 시청자데스크』, JTBC
『시청자의회』, 유튜브 채널 '침착맨' 등 다양한 교양·시사·
예능 방송에 참여했고, 『한겨레』『매일경제』『아시아경제』
『롱블랙』 등에 정기적으로 기고한다. 소설로 등단하기도
했으며, 『분노사회』『인스타그램에는 절망이 없다』『우리는
글쓰기를 너무 심각하게 생각하지』『그럼에도 육아』『돈 말고
무엇을 갖고 있는가』『AI, 글쓰기, 저작권』 등 20권이 넘는
책을 썼다.
법무부 법무자문위원회 연구위원, IP 로펌 등을 거쳐
저작권 분야 변호사이자 한국저작권위원회 감정인으로
일하고, 정부 부처·대기업·시민단체 등 다양한 기관에서
강연·심사·자문 등을 맡고 있다.
인스타그램 @jungjiwoowriter

글쓰기로 독립하는 법

ⓒ 정지우 2025
이 책은 저작권법에 의해 보호받는 저작물이므로
무단전재와 복제를 금합니다.
이 책 내용의 전부 또는 일부를 이용하려면
저작권자와 도서출판 유유의 서면동의를 얻어야 합니다.

글쓰기로 독립하는 법

쓰는 사람에게는 믿는 구석 하나가 더 있다

정지우 지음

유유

들어가는 말
쓰는 사람의 독립을 위한 인생 실전 매뉴얼

어느 순간부터 우리 시대 사람들은 '독립'을 꿈꾸게 되었다. SNS가 활발해지고 1인 미디어가 발달하기 시작한 즈음부터일 것이다. 더 구체적으로는 페이스북과 인스타그램, 유튜브 등이 본격적으로 대중화된 2010년대부터라고 볼 수 있다. 그 무렵부터 '퇴사' 'N잡러' '혼라이프' '프리랜서' '독립' 등이 핫한 키워드로 자리 잡기 시작했다. 혼자 일하는 행복, 퇴사의 가치, 독립하여 자유롭게 사는 사람들에 대한 이야기가 들불처럼 번져 나갔다.

돌이켜 보면 내가 첫 책을 쓴 2012년도 딱 그런 흐름의 한가운데 있었나. 아직 20대 청춘이었지만 나 역시 내 삶이 어딘가에 영원히 소속되어 있지만은 않을 거라고 상상하고 있었다. 당시 내 꿈은 '자유롭게 세상을 거닐기'였는데, 아마 많은 청춘이 비슷한 마음이었을 것이다. 실제로 주변에는 독립출판물을 만들거나 팟캐스트를 시작하고 스타트업을 운영하는 사람이 적지 않았다. 그 모든 꿈 속에는 역시 '독립'과 '자유'가 있었다.

세월은 흘러, 2010년대는 막을 내리고 2030년을 향해 가고 있다. 그러나 어쩐지 그 시절 '독립의 꿈'은 사회적으로 더 강렬해진 것 같다. SNS 시대를 넘어 AI 시대가 도래하며 수많은 직업이 사라지리라는 불안한 예측도 적지 않다. 그럴수록 많은 사람이 직장에 더 매달릴 방법보다는 '나만의 것'을 일궈 나갈 방법을 고민한다. 특히 나는 필사적으로 '글쓰기'를 실천하면서 바깥의 삶, 독립의 삶을 꿈꾸는 이들을 상당히 자주 접하고 있다.

더불어 내 삶을 들여다보니, 나 역시 1인 기업 또는 프리랜서 형태의 독립된 라이프스타일을 갖고 있었다. 지금 느끼기로는, 이런 삶이 어느 정도 자리를 잡아 앞으로는 굳이 어딘가에 소속되어 정기적인 급여를 받지 않아도 될 것 같다. 물론 삶이란 쉽게 예측할 수 없으니 단정할 수는 없지만, 아마 가능하리라고 믿고 있다.

누군가의 눈에는 나의 이런 삶이 너무 쉽고 당연하게 뿌리 내린 것처럼 보일지도 모른다. 20대부터 책을 쓰고 30대에는 변호사 자격증을 취득했으니 독립이 당연하지 않냐고 말할지도 모른다. 그러나 이제까지의 여정은 그리 간단하지 않았다. 대학생 때부터 책을 썼지만 독립할 수 있을 거라는 확신은 없었다. 그래서 대학원에서 조교 생활을 하다가 2년 후 수료만 한 채 나왔고, 그 뒤로 2년은 취업준비생으로, 3년은 수험생으로 살았으며 3년 이상의 직장 생활도 거쳤다. 책에서 나오는 인세나 직장 외 수입이 실질적인 의미를 가지기까지는 10년 이상이 걸렸다.

특히 30대에 수험생과 직장인으로 사는 동안에는 과연 내가 독립해도 될 것인지 거의 날마다 고민했다. 참고로 지금 나는 지금 독립한 상태이지만 여느 1인 개업 변호사처럼 사건 수임에 의존하고 있진 않다. 오히려 변호사 일은 저작권 분야의 강의·기고·자문 등에 국한하고 소송 사건 수임은 독립 이후 지속적으로 줄여 가고 있다. 사실상 내 삶, 그러니까 일상이나 생계에서 훨씬 큰 비중을 차지하는 것은 '무언가를 쓰고 말하며 기획하는 사람'이라는 꽤나 모호한 정체성이다.

시금 나는 여러 매체에 정기적으로 기고하고 몇몇

방송에 고정 출연하는 문화평론가로 살고 있다. 정부에서 운영하는 웹진의 큐레이팅을 맡기도 하고, 『세상을 바꾸는 시간 15분』(세바시)에서 출간하는 책의 담당 작가 일도 했으며, 지금까지 30명 이상의 작가가 연재해 온 뉴스레터 '세상의 모든 문화' 발행인이기도 하다. 저작권·개인정보 관련 법률, 청년 문화, 글쓰기에 관한 정규 강의도 여러 번 진행했다. 그 밖에도 다양한 기관·기업·학교·도서관 등에서 강연·방송·북토크·인터뷰 등을 해마다 100건쯤 하고, 개인적으로 독서 모임과 글쓰기 모임도 운영한다. 30대 막바지에는 청년 문제를 문화예술로 해결한다는 모토를 내건 '사단법인 오늘은'의 이사장으로 초빙되어 청년창작권리센터YCRC를 설립 및 운영하고 있다. 이런 일들과 별개로 10여 년간 스무 권이 넘는 책을 썼다.

 이는 내가 하나의 강력한 정체성이 아니라 '모호한 정체성'을 갖고 있기에 하는 일들이다. 사회 및 문화 다방면에 관심을 품고 꾸준히 읽고 쓰고 말하는 사람으로 산다는 모호한 정체성이 현재 내 삶을 지속 가능하게 만들어 준다. 나는 평론가, 작가, 변호사, 이사장, 센터장, 강사, 모임장 등 하루하루 다른 이름으로 불리기에 '직함'이 나를 규정한다고 느끼지 않는다. 많은 사람이 하나의 직함, 직업, 직장에 의지해서 사는 것과는 반대편에 있는 삶의 방식을 택했다. 오히려 내게는 어느 고정된 직함보다 훨씬 중요한 것이 있는데, 그건 바로 '글쓰기'이다. 글쓰는 행위를 하며 '쓰는 사람'이라는 행위적인 정체성이야말로 내 삶의 핵심이다. 이 책에서도 특정한 명사로 나를 규정하는 대신, 내가 먹고사는 구체적인 행위를 동사적 방식으로 풀어 가려 한다.

그동안 꽤 많은 책을 썼지만 실제로 내가 살아가는 방법을 이토록 면면이 밝힌 책은 없었다. 그런데 이는 요즘 내 주위 사람들이 가장 궁금해하는 부분이다. 그래서 그동안 주로 펴낸 인문학이나 에세이 분야가 아니라, 인생 실전 실용서 같은 책을 처음으로 써 보기로 했다.

말하자면 이 책은 모두가 독립을 꿈꾸는 대자유의 시대에 '글쓰기와 기획으로 먹고사는 구체적인 방법론'이자 '완전한 독립을 위한 라이프스타일 매뉴얼'이다. 너무 많은 영업 비밀을 공개해 버린 나머지 내 파이가 줄어들지도 모른다. 그러나 삶이란 당장 내일 어떻게 될지 알 수 없다. 조촐한 내 지식과 경험을 꽁꽁 숨기고 아끼는 건 그다지 현명한 일이 아닐 것이다. 그렇기에 오늘까지만 유효할 수도 있는 이 이야기들을 과감히 전해 보고자 한다.

사실 내 여동생 등 내가 가장 아끼는 사람들도 끊임없이 독립을 고민하고 있기에 그들을 위해서라도 이 이야기를 꼭 한 번 정리해야겠다는 생각이 들었다. 아마 이런 계기가 아니었다면, 이 책이 세상에 나올 일도 없지 않았을까 싶다. 그래서 이전의 책들과는 달리 직설적인 이야기가 적지 않다(나의 다른 책을 읽은 독자라면, 같은 작가가 쓴 책이 맞느냐고 의심할지도 모르겠다). 그렇지만, 그런 부분을 애써 순화하기보다는 진심 그대로 남겨 두고자 했다. 혹여 너무 단정적인 느낌이 드는 부분은 '친동생한테 하는 말이라면 그럴 수 있지' 정도로 이해해 주면 좋겠다. 이 책을 집어 든 모든 분은 내가 가장 소중히 여기는 이들에게 전하고픈 이야기를 함께 듣는 셈이다.

물론 이것은 어디까지나 이 책의 '시작'에 대한 이야기일 뿐이다. 책을 써 나가면서부터는 이 책을 만나게 될 더 많은 이들을 떠올렸다. 한 번뿐인 삶을 자신이 좋아하는 모습으로 만들고자 고군분투하는 모든 이들에게 조금이라도 도움이 되길 바라며, 내가 아는 모든 이야기를 탈탈 털어놓는다. 당신이 누구든, 이 책과 함께 삶의 여정을 이어 가고자 한다면 진심으로 당신을 응원하고 싶다.

들어가는 말

—쓰는 사람의 독립을 위한 인생 실전 매뉴얼 … 9

1 그런 전업작가는 없다 … 17
2 직장인은 소속으로, 독립한 사람은 관계로 먹고산다 … 31
3 어떤 관계를 맺을 것인가 … 39
4 관계의 기반은 알림 … 49
5 진정성 있게 살고 순수하게 이야기하기 … 61
6 우연한 연결의 힘 … 73
7 관계에도 우선순위가 필요하다 … 85
8 전문가가 될 것 … 95
9 끝없이 시도할 것 … 107
10 더 주체적으로 살 것 … 115
11 내가 하는 일들을 잇는 방법 … 131
12 인지도가 아니라 신뢰자본을 쌓을 것 … 145
+ 독립과 돈 … 157

나오는 말

—독립의 이유 … 165

{ 1 }
그런 전업작가는 없다

전업작가가 없는 시대

독립에 대한 이야기를 시작하며, 가장 먼저 '작가'라는 직업에 대해 말해 볼까 한다. 작가는 아무래도 '글쓰기' 하면 가장 먼저 떠오르는 직업이다. 물론 글쓰기가 작가만의 전유물은 아니며, 애초에 작가라는 직업의 개념조차 모호하다는 점도 차차 이야기해 나갈 것이다. 그래도 돌아보면 나는 10년 이상 그나마 '작가'라는 정체성에 가장 가까운 삶을 살았고, 주위에 작가가 가장 많다. 그러니 이 직업에 관한 이야기부터 풀어내는 게 좋을 듯싶다. 내가 가장 잘 알고, 가장 솔직하게 진실을 이야기할 수 있는 영역이기도 하다.

글쓰기 강의를 할 때면 이런 질문을 꼭 받는다. "작가로 사는 게 과연 가능하긴 한가요?" 한 고등학생은 꿈이 작가인데 정말 작가가 될 수 있을지, 작가가 되면 먹고살 수는 있는지 궁금하다고 진지하게 물어보기도 했다. 나는 강의 대상이 중고등학생이건 성인이건 최대한 솔직하게 진실을 이야기한다. 이 질문에 대한 답은 다음과 같다. "우리나라에 전업작가는 거의 없어요."

이때 '전업작가'란 상당히 엄격한 의미다. 즉 순수하게 글, 책만 써서 먹고사는 작가란 정말 드물다는 얘기다. 이렇게 엄격하게 규정하는 이유는, 실제로 많은 사람이 작가의 실상을 제대로 모른 채 전업작가란 말 그대로 '글만 써서' 먹고사는 사람이라고 생각하기 때문이다. 그러나 내가 아는 한, '그런 전업작가는 없다.'

내가 알고 지내는 모든 작가가 글만 써서 먹고살지 않는다. 책이 몇십만 부씩 팔린 대형 베스트셀러 작가도 글로만 먹고사는 경우는 아직 보지 못했다. 유명 작가라도 대부분은 책이 매개가 되어 들어오는 강의나 방송 요청에 부지런히 응하고, 그러면서 '작가이자 강사' 또는 '작가이자 방송인'으로 산다. 어떻게 보면 글 쓰는 '셀럽'인 셈이다. 글로 얻는 수입보다 강연 등으로 얻는 수입이 많아진 작가를 '전업작가'라고 하기엔 어색한 면이 있다.

그나마도 이런 경우가 '전업작가'에 가장 가까운 경우다. 글만 써서는 이 사회에서 안정적인 지위를 갖기 어렵다고 느끼는 작가가 대다수다. 그래서 석박사 학위를 따서 강사나 교수 생활을 겸하곤 한다. 소설가나 시인이 가장 이상적으로 택하는 코스가 국어국문학과나 문예창작학과 교수가 되는 것이다. 우리가 흔히 '전업작가'의 롤모델처럼 생각하는 노벨문학상 수상자 한강 작가도 학위를 받는 데 긴 세월을 썼으며 전임 교수로 10년 이상 근무했다.

아니면 교사, 기자, 출판 편집자, 학원 강사, 번역가처럼 '지식산업' 언저리에 있는 직업을 더 갖곤 한다. 요즘에는 직접 출판사를 차려 출판사 대표를 겸하는 작가, 글쓰기보다 유튜브나 커뮤니티 활동을 더 열심히 하는 작가도 자주 볼 수 있다. 우리가 생각하듯 골방에서 타자기만 두들기며 백지와 씨름하고, 간신히 입금되는 원고료로만 먹고사는 이미지에 부합하는 작가는 거의 없다.●

● 시나리오나 드라마, 웹소설 작가 가운데는 그런 경우도 있지만, 그건 거대 엔터테인먼트 산업의 혜택 덕분일 수 있다. (또한 업계 특성상 전면보다는 배후에서 활동하는 것이 적합하다는 이유도 없지 않다.) 여기에서는 그런 영역은 예외로 한다는 점을 밝혀 둔다.

나 역시 순수하게 '글'로 얻는 수입은 전체 수입의 절반 정도이며, 나머지 절반은 강의·수업·자문 등 기타 수입이 차지하고 있다. 그나마 나는 글로 버는 수입의 비중이 높은 편이다. 적지 않은 작가가 강의나 다른 일로 생계를 꾸린다. 에세이를 쓰는 하현 작가는 "마트에서 버는 돈으로 생계를 유지하며 글을 쓰고 책을 낸다. 마트 일은 기본적인 생활 정도만 가능하게 하는 월급을 주지만 글쓰기는 그조차 약속하지 않는다"●고 말한다. 이처럼 많은 작가가 '글 쓰는 일'을 하고 싶어서 다른 일을 겸한다.

물론 '순수 전업작가'가 되겠다는 고집과 열망으로 다른 돈벌이는 전혀 하지 않은 채 오로지 원고와 씨름하며 글을 쓰는 작가도 있을 수는 있다. 다만 내가 아는 범위 내에서는 없다. 그러려면 글만 써서 생활이 가능한 수입이 보장되어야 하는 동시에 그 이상의 유혹에는 넘어가지 않을 만큼 글쓰기에만 몰입할 수 있어야 하는데, 이 두 가지 요건을 다 갖춘 작가는 본 적이 없다. 대개 작가로서 어느 정도 궤도에 오르고 나면 여러 활동을 겸하기 마련이다. 아니면 글만으로는 생활이 불가능하기에 다른 여러 활동을 해야 한다.

과거의 작가들이 이런 현상을 보면 혀를 찰지도 모

● 하현, 『어쩌다 마트 일을 시작하게 됐어요?』(위즈덤하우스, 2025)

른다. 세상 모든 고뇌를 짊어지고 창작이라는 고독하고 신성한 행위에만 몰두해야 할 작가라는 존재가 타락했다고 말할 사람도 있을 것이다. 작가가 수업과 강의를 하고, 학계 권력에 발을 들이며, 방송에 출연하고, 유튜브 화면 앞에서 웃고 떠들며, 북토크 같은 쇼를 열어 사람들과 어울리는 게 '작가답지' 않다고 말할 사람도 있을지 모른다. 그러나 누가 무슨 말을 하건 시대가 바뀌었다. 더 이상 그런 작가는 없다.

그렇다고 오늘날의 작가들이 창작에 임하는 태도가 덜 진지하다거나 수준이 떨어졌다고 함부로 말하긴 어렵다. 그저 이제 작가란 첩첩산중에 숨어 있어 만나기 어려운 신비로운 신선 같은 존재가 아닐 뿐이다. 작가란 사회 부적응자여야 한다는 식의 통념 역시 끝났다. 작가 또한 글 쓰는 평범한 사람으로서 세상과 소통하며 자신이 할 수 있는 다양한 일을 할 뿐이다.

오히려 우리 시대야말로 작가가 더 '작가다워진' 시대일 수도 있다. 작가란 본디 자기 이야기를 '표현'하는 사람이다. 세상 모든 창작자는 보통 사람보다 훨씬 더 자기 표현에 목말라 있다. 세상에 자기 이야기를 쏟아내고 싶어서 '환장'한 사람이라 말해도 좋다. 과거에는 자기표현의 방법으로 '백지'가 가장 중요했다면, 이제

TV가 나왔고 인터넷과 SNS까지 등장했다. 그 과정에서 작가들도 다양한 방식으로 자기표현을 하게 된 셈이다. 양피지에 깃펜으로, 한지에 붓으로 글밖에 쓸 수 없던 시대와 지금은 확실히 다르다. 달라진 시대만큼 작가도 달라지는 것이 당연하다.

고립된 생활이 나를 구원하다

나는 스물네 살에 쓴 첫 책 『청춘인문학』을 시작으로 10년 넘게 작가로 살아왔다. 처음 몇 년간은 그야말로 '책만' 쓰는 작가였다. SNS도 하지 않았고 방송 출연, 강의, 인터뷰 요청도 모두 거절했다. 그때 나는 세상에 나를 노출하고 떠들기엔 내가 너무 어리다고 생각했다. 그런 건 뭐랄까, 작가에게는 본질적인 일이 아니라는 생각도 들었고, 작가로서의 품위 혹은 신비주의가 손상된다는 느낌도 있었던 것 같다. 어쨌든 작가란 곧 죽어도 '글'만으로 승부해야 한다고 믿던 때였다.

심지어 몇 년 뒤에 쓴 『분노사회』는 언론사 40여 곳에서 다루며 여러 특집을 만들어 낼 만큼 내 출간 역사에서는 상당한 화제작이었지만, 그때도 나는 철저히 나를 숨기는 쪽을 택했다. 여기저기에서 기자들이 연락해 와도 목소리조차 들려주지 않고 이메일로만 답장했다. 지금 생각해 보면 왜 그렇게까지 했나 싶다. 나름 '고지식함'으로는 제일가는 작가였지 싶다.

솔직히 말하자면, 그렇게 몇 년간 살아 낸 결과는 '작가로서 살 수 없다'는 것이었다. 작가가 학위, 수업, 강의, 방송, SNS, 그 밖의 다른 일 없이 '글만 쓰며 산다'는 건 환상에 불과하다는 사실을 뼈저리게 느꼈다. 부족한 수입, 불안정한 지위, 날마다 탈진할 정도로 불안과 싸우는 일을 더 이상 못하겠다는 생각이 드는 때가 왔다. 나는 내 생애 거의 마지막 책이라 생각하며 『고전에 기대는 시간』을 썼다. 그걸로 작가는 그만두기로 했다. '전업작가'로 살겠다는 고집이 오히려 작가를 포기하게 만들었던 것이다.

그 뒤로 기자가 되려고 2년쯤 언론사 취업을 준비했고 로스쿨 시험도 쳤다. 그러나 언론사 취업에는 줄줄이 실패했고, 로스쿨에는 한 번 떨어지고 나서야 간신히 붙었다. 그런데 반전은 이때부터 시작된다. 로스쿨에 들어가자 오히려 더 작가로 살게 된 것이다. 만약 그때 로스쿨에 들어가지 않고 계속 전업작가로 살겠다고 고집을 부렸다면, 완전히 한계에 부딪혀 아예 작가라는 직업을 잃었을지도 모른다. 그러나 로스쿨이라는 변주가 삶에 들어오면서 '순수한 작가'라는 상태가 깨졌고, 결과적으로 삶에 큰 변화가 일어났다.

로스쿨에 들어가자 그야말로 살아남고자 발버둥 치는 시간이 닥쳤다. 공교롭게도 로스쿨 1학년 때 아이가 태어나 날마다 공부와 육아를 병행해야 했다. 난생처음 해 보는 법학 공부는 믿을 수 없을 만큼 어렵고 괴로웠다. 비교적 늦은 나이에 입학한 나로서는 머리 좋은 20대들을 이길 수 없을 것 같았다. 첫 학년 성적은 처참했다. 변호사 시험에 붙을 리 없는 수준이었다. 그동안 작가로 살면서 딱히 모아 둔 돈도 없는지라 무슨 일이든 닥치는 대로 하면서 학비와 생활비를 벌었다. 처음 하는 공부, 육아, 돈벌이에 더해 집안의 여러 문제까지 겹치면서 내 인생은 그야말로 최고의 난관에 직면해 있었다.

그런 상황에서 나는 처음으로 SNS에 글을 썼다. 당시 나는 10년간 살던 서울을 떠나 아내와 함께 부산으로 터를 옮긴 상황이었다. 그간 삶의 무대라 믿었던 곳을 떠나자 어쩐지 먼 섬에 온 듯한 느낌도 들었다. 자유롭게 살다가 삼중고라 할 수 있는 책임과 구속이 겹치면서 작게나마 탈출구가 필요했다. 나는 최소한의 일탈을 저지르듯 아이가 잠든 밤에, 수업과 수업 사이 쉬는 시간에 하루 30분쯤 틈을 내서 글을 썼다. 책을 쓸 여력 따위는 없었으므로 일상에서 길어 낸 이야기들을 SNS에 조금씩 적어 나갔다.

그간 책을 몇 권 내긴 했어도 나는 무명작가에 가까웠다. 내 책을 읽은 사람은 대한민국에 몇만 명이 있을지도 모르지만 정작 나라는 존재는 이 세상에 없는 유령처럼 느껴졌다. 그 이유는 내가 책만 냈을 뿐 '나'라는 사람으로는 세상과 접촉하거나 소통하지 않았기 때문이다. 나는 그것이 작가의 운명 같은 것이라 믿었지만, 나중에는 그렇지 않다는 걸 깨달았다. 작가 또한 보통 사람이다. 오직 '글'만으로는 타인과 실질적인 관계를 맺을 수 없다. 오히려 글은 사람을 대리하는 역할 정도를 할 뿐 사람을 완전히 대체하진 못한다. 결국 작가로 산다는 것도 사람으로서 세상과 관계 맺는 일이다.

SNS에 글을 쓰면서, 나는 작가라는 '사람'으로 세상과 관계를 맺기 시작했다. 그 공간은 오로지 백지와 대화하는 곳이 아니라, 글을 써서 타인과 직접 소통하는 곳이었다. 말하자면 나는 SNS에 글을 쓰며 그 어느 때보다 직접적인 효능감을 느끼기 시작했다. 내가 쓴 글을 구체적인 타인이 읽고, 반응하고, 글을 쓴 나를 궁금해한다. 더 이상 나는 '글'이라는 대리인만 내세운 존재가 아니었고, '나 자신'으로 존재하는 작가가 되었다. 사람들은 나를 알아보았고 나와 관계 맺었다. 가장 갇혀 있던 시절, 가장 넓고 직접적인 관계들이 생겨나기 시작했다.

SNS에 쓴 글은 파급력이 높았다. 처음에는 주로 페이스북에 글을 올렸는데 한 번씩 내 글이 큰 화제가 되면서 친구와 팔로어가 늘었다. 로스쿨 입학 즈음에는 팔로어가 몇십 명이었는데 졸업 즈음에는 몇만 명이 되어 있었다. 심지어 로스쿨을 다니는 동안 SNS에 쓴 글을 엮어 단행본을 두 종이나 출간했다. 내 첫 에세이집이 작가의 길을 사실상 포기했던 자리에서 나온 셈이다. 더군다나 '고3보다 힘든 로3'이라는 로스쿨 3학년 때 낸 『인스타그램에는 절망이 없다』가 제법 화제가 되어 많은 기회가 찾아왔고, 하루씩 시간을 내어 서울에 가서 강의와 방송 출연을 했다.

작가로 자리 잡는다는 것

로스쿨 생활을 마치고 돌아보니, 치열했던 그 시간이 단순히 변호사 시험에 합격해 변호사가 된 것 이상의 가치와 의미를 지닌 3년이었다는 사실을 깨달았다. 나는 어느새 사회에서 웬만큼 인지도를 갖춘 '사람 작가'가 되어 있었다. 글만 쓰던 유령이 정작 유령처럼 살아야 했던 수험생 시절에 인간화된 것이다. 그 시절에 썼던 글은 차곡차곡 모여 책이 되었고, 그 시절에 연을 맺은 사람들도 훗날 내 삶에서 매우 소중한 존재가 되었다.

그 시절 내가 SNS에 쓴 글을 좋게 봐 준 사람들은 대부분 내 책을 사서 읽고 응원해 주는 독자가 되었다. 독자이면서 동시에 자기가 속한 업계에서 강의나 기고, 방송 출연 요청을 하기도 했다. 무엇보다 실제로 서로의 삶을 공유하는 값진 인연을 많이 얻었다. SNS로 알게 된 여러 작가, 편집자와도 깊은 사이가 되었다. 외딴 섬에 틀어박혀 공부만 했어야 할 수험생 시절이 나에게는 도리어 사회적으로 가장 열린 시기였던 셈이다. 심지어 하루 30분씩 겨우겨우 써낸 글이 예전에 고지식하게 종일 창작만 하던 시절에 쓴 글보다 더 분량이 많았다. 내 삶에서 가장 극적인 아이러니였다.

이것이 단순한 우연이었다고 생각하지 않는다. 찬찬히 들여다보면 우연에도 그럴 만한 이유가 있는 법이다. 나는 로스쿨에 들어가서야 비로소 '전업작가'라는 고지식한 환상을 강제로 떨쳐 낼 수 있었다. 그렇게 절박한 상황에 이르러서야 내 안의 낡은 고집을 버리고 자유로이 읽고 쓰며 표현하는 우리 시대의 작가로 거듭날 수 있었다.

작가로 산다는 것

구구절절 내 사연을 펼친 이유는 '글 써서' 먹고산다는 것의 정체에 관해 이야기하고 싶어서다. 그것은 청년 시절 내가 믿었듯 골방에 틀어박혀 영감을 기다리며 종일 백지와 씨름하는 것이 아니었다. 물론 그런 과정도 필요했지만, 내가 알게 된 글로 먹고사는 삶이란 오히려 '사람으로서 관계 맺기'라는 말에 더 어울린다.

글을 읽는 사람은 '글만' 보지 않는다. 오히려 글 너머에 있는 사람, 글을 쓴 사람을 보려고 한다. 글이 읽히는 순간, 독자와 작가 사이에는 '관계'가 탄생한다. 이 관계의 중력장에 이끌려 들어가면서 작가 앞에는 먹고사는 길이 열린다. 누군가 내 글을 감명 깊게 읽었기에 그는 나를 끌어당긴다. 내 책을 사고, 내 책을 누군가에게 추천하고, 나라는 사람을 궁금해하고, 나를 불러 주고, 나를 만나고 싶어 하고, 나에게 어떤 역할을 맡기려 한다. 그렇게 나와 연결되어 관계를 맺은 덕에 내가 먹고살게 된다. 이 책의 취지이자 주제가 '먹고사는 방법'이다 보니 가장 현실적이고 실용적인 이야기를 주로 풀어 나가겠지만, 이는 근본적인 내 삶의 가치관과도 연결된다. '삶의 본질은 관계'라는 가치관이다. 실제로 우리 삶은 이런 관계 속에 있다. 삶의 의미도, 가치도, 기쁨도 그런 관계 속에서 피어난다. 먹고사는 일 또한 삶의 일부이기에 관계 속에 있다. 우리는 관계로 먹고산다. 이것이 바로 '독립해서 먹고살기'의 첫 번째 강령이자 전제이다.

{ 2 }
직장인은 소속으로,
독립한 사람은 관계로 먹고산다

소속 vs. 관계

나는 특정 회사나 기관 등에 소속되어 사는 삶과 독립하여 혼자 일구는 삶을 '소속 대 관계'의 대립으로 생각하길 선호한다. 이렇게 말하면 당장 '직장에서도 관계는 매우 중요하다'는 말이 나올 것이다. 직장 생활 역시 동료와의 관계, 상사와의 관계, 거래처와의 관계 등으로 먹고사는 거라고 말이다. 물론 관계는 어디서나 중요하다. 그러나 독립해서 먹고살아야 하는 상황이 되면 그 무게와 층위가 달라진다.

퇴사 후 프리랜서로 산다고 하면 직장인들은 '능력

자'라며 감탄하곤 한다. 이럴 때 '능력'이란 자기 분야에서 탁월한 역량을 갖췄다는 뜻이다. 그런 사람은 뭔지는 몰라도 자기만의 확고한 전문성이 있어서 어디 소속되지 않아도 먹고살 수 있을 거라고들 생각한다. 그러나 내가 독립하여 살아가며 느낀 점은, 독립한 사람이 꼭 어떤 분야에서 가장 탁월한 능력을 가진 건 아니라는 사실이다.

오히려 업무에서의 '실력'이나 '능력'은 최고니 아니니 따지는 게 쉽지 않다. 내가 느끼기엔 글 쓰는 일이든 편집하는 일이든 변호사 업무든, 웬만큼 실력을 갖추고 나면 우열을 따지기가 어렵다. 어림짐작으로 상위 50퍼센트 정도의 기술적 능력만 갖추고 있다면, 그 이후부터는 '능력 그 자체'는 크게 중요하지 않아 보인다. 오히려 그때부터 그 사람의 삶의 형태나 풍성함을 결정하는 건 '관계'다.

편집자가 독립하여 1인 출판사를 차린다면, 뭐가 가장 중요할까? 출판사에 몇 년 이상 다녔다면 기본적인 편집 실력은 갖췄을 것이다. 기획력이나 제목 뽑는 능력 등에서 크고 작은 차이는 있겠지만, 그것 자체가 그 사람의 운명을 결정하진 않는다. 가장 중요한 건 인지도 높은 작가들과의 관계다. 좋은 원고를 줄 수 있는 작가들과 부지런히 관계를 맺어 두었다면 1인 출판사로도 먹고살 수 있다. 그러나 편집 실력이 대한민국 1등이어도 관계 맺은 작가가 하나도 없다면, 1인 출판사로 먹고살 가능성은 별로 없다.

물론 역의 상황도 있다. 작가들과는 부지런히 좋은 관계를 맺어 놨는데 기획력이나 편집 능력이 형편없다면, 그 인맥조차 머지않아 다 잃고 말 것이다. 처음에는 작가가 '관계' 때문에 원고를 맡겨도, 나온 책이 너무 형편없거나 결과가 좋지 않다면 다른 출판사를 찾을 테니 말이다. 그러나 이건 어디까지나 '기본'을 갖추었느냐 아니냐의 문제라고 본다. 내 경우엔 편집자의 실력이 중간 이상, 즉 기본을 갖춘 정도라면 내 원고를 믿고 맡길 수 있다. 중요한 건 그 사람과의 신뢰, 궁합, 타이밍, 원활한 소통 등 관계를 구성하는 요소이다.

변호사 일도 마찬가지다. 대한민국에서 변호사는 법률 서면을 1등으로 잘 써야 독립해서 먹고사는 게 아니다. 개업 변호사끼리는 흔히 '찍새'와 '딱새'로 서로를 나누곤 한다. '찍새'는 의뢰인을 찍어서 데려올 줄 아는 영업력 좋은 변호사다. '딱새'는 타자기를 딱딱 두드리며 서면을 잘 쓰는 변호사다. 대개 두 사람이 협업하면 꽤나 그럴싸한 동업 관계가 된다. 찍새는 끊임없이 의뢰인을 물어오고, 딱새는 쉬지 않고 타자기를 두드리면서 말이다.

그런데 여기에서 생각해 볼 부분이 있다. 보통 찍새는 딱새 역할도 할 수 있지만, 딱새는 찍새가 될 수 없다는 점이다. 특히 동업이 아니라 1인 변호사로 먹고살아야 하는 입장이라면 당연히 살아남는 건 찍새뿐이다. 딱새는 아무리 일을 잘해도 의뢰인이 없고, 일거리가 없으니 그런 실력을 발휘할 방법도 없다. 심지어 대부분의 개인 의뢰인은 자기 변호사가 일을 잘하는지 못하는지 잘 구별하지 못한다. 변호사가 아닌 일반인 눈으로는 법률 서면의 퀄리티를 판단하기가 쉽지 않기 때문이다. 결국 대부분이 '영업 잘하는' 변호사, 즉 발이 넓고 설득을 잘하는 변호사를 택하게 된다. (이런 변호사는 주로 승소를 호언장담하거나 자기 경력 등을 과시하는데, 어찌됐든 그것도 능력은 능력이다.)

작가의 관계

작가 일도 마찬가지다. 세상에서 가장 글을 잘 쓰는 작가가 혼자 고고하게 산속에서 글만 쓴다고 해서 사람들이 알아서 그의 글을 찾아 읽고 칭송하며 그를 먹여 살리진 않는다. 물론 예외는 있다. 필생의 역작이 엄청난 베스트셀러가 되어 전 세계인에게 사랑받는다면 그는 평생 산속에서만 글만 써도 되는 작가로 살 수도 있다. 『호밀밭의 파수꾼』 한 권으로 세계적인 명성을 얻고 은둔한 J.D. 샐린저 정도라면 그에 해당할 수도 있다. 그러나 그건 이상이나 극히 예외에 불과하다. 그런 이상을 실현한 작가는 전 세계를 뒤져 봐도 몇 명 없을 것이다.

대부분 작가는 '관계'를 통해 작품을 발표하고, 인정받으며, 계속 글을 써 나갈 기회를 얻는다. 과거에는 문단 권력이 매우 강해서 '문단 내에서의 관계'가 더욱 중요했다. 주요 문학잡지를 보유한 출판사와 그에 소속된 편집위원, 또 그와 연결된 평론가나 국문학자 등과의 '좋은 관계' 없이 홀로 작가로 먹고살기란 거의 불가능했다. 지금도 우리가 알고 있는 주요 문인 상당수는 문단 내부의 여러 권력자와 서로 '선후배'라 부르며 좋은 관계를 유지하고 있다. 관계 덕분에 글을 발표할 지면을 얻고, 문예창작학과 강사 자리를 받고, 주요 잡지사의 편집위원이나 심사위원을 하는 식이다.

그러나 문단 내부의 관계만으로 먹고사는 작가는 과거에 비하면 극소수다. 일단 작가 자체가 매우 다양해졌다. 과거에는 신춘문예 같은 공모전에 당선되어

'등단'한 사람만 '작가'로 인정받았다면, 지금은 사정이 180도 달라졌다. 글 써서 먹고사는 사람들 중에 등단 작가는 오히려 손에 꼽을 정도다. 많은 작가가 문단과 관계 없이 책을 출간하고, 글쓰기 수업을 하고 강연을 하며 살아간다.

그 이유는 작가의 '본질'을 생각해 보면 간단히 이해된다. 작가란 글을 쓰고, 자기 글을 읽어 주는 사람을 가진 존재다. 내가 쓴 책을 읽고 싶어 하고 사 주는 누군가가 있다면, 나는 작가다. 그 '누군가'가 반드시 '문단 사람'일 필요는 없다. '누군가'가 기업의 교육 담당자라면, 문단 작가 대신 나를 자기 회사에 강연자로 부를 수 있다. 그 사람이 도서관 사서라면, 나를 도서관에 초청할 것이다. 그 사람이 그저 책을 좋아하는 사람이라면, 내 책을 사서 읽을 것이다. 작가가 먹고살려면 이런 사람들이 있으면 된다.

한 걸음 더 나아가, 작가가 먹고살려면 바로 이런 사람들이 '있어야만' 한다. 문단의 인정을 받고 석박사 학위를 취득한 뒤 교수가 되어 어딘가에 소속되어 있다면, 굳이 그런 사람들이 없어도 된다. 매년 들어오는 신입생을 가르치고 논문 실적을 충족하면 자리가 유지될 것이다. 그러나 소속이 없는 독립 작가는 다르다. 그런 사람들 하나하나에 의지해서 먹고살아야 한다.

독립의 필수조건, 관계

그렇다면 답은 간단해진다. 독립에는 관계가 중요하다. 내 식대로 표현하자면, 작가는 그를 좋게 봐 주는 모든 '감사한' 사람들 덕분에 먹고산다. 이것이 출발점이다. 감사한 관계를 만드는 것, 잊지 않는 것, 발전시키는 것이 독립하여 먹고살기의 첫 번째 원칙이다. 최고의 글쓰기 실력을 갖추는 것이 아니다. 오히려 자기가 최고라 믿는 오만함은 그런 감사한 관계들이 사라지게 만들 위험이 있다. 그런 점에서, 실력은 차라리 적당한 게 나을 수도 있다.

오랫동안 어딘가에 소속되어 살다 보면, 바깥에 있는 사람은 혼자서 엄청난 기예를 펼치는 능력자처럼 보이기도 한다. 그러나 실상은 의외로 간단하다. 그들은 그저 자신에게 잘해 주는 감사한 사람들 덕분에 먹고산다. 그러니 독립을 꿈꾼다면 가장 먼저 해야 할 일도 아주 간단하다. 바로 나에게 감사한 관계들을 생각하고 만들고 지켜 나가는 것이다.

가령 영어 교사가 학교를 떠나 1인 교습소를 차리려

한다고 해 보자. 무엇을 해야 할까? 영어 실력을 계속 갈고닦아 원어민 수준에 이르면 될까? 이번에도 답은 명료하다. 나를 믿고 아이를 보낼 주변 학부모들과 관계를 맺어야 한다. 내가 교습소를 차리면 아이를 보내겠다고 하는 사람이 주변에 일정량 쌓이면 독립하기에 나쁘지 않은 조건이 된다.

반대로 내 실력만 믿고 교습소를 차린다면 당장은 파리만 날릴 가능성이 높다. 아무리 전단지를 돌리고 블로그 광고를 한들, 학생이 한 명도 없는 교습소에 선뜻 아이를 보낼 부모는 거의 없을 것이다. 이런 경우가 바로 관계라는 가장 기초적인 자산이 없이 독립한 이의 사례일 것이다.

관계를 쌓는 방법은 다양하다. 최근에는 단연 SNS를 통한 관계 쌓기가 가장 흔하고 유용하며 실질적이다. 나 역시 로스쿨 1학년 때부터 지금까지 10년 가까이 SNS로 관계를 쌓은 끝에 독립했다. 내게 이런 관계가 없었다면 독립할 엄두도 내지 못했을 것이다.

{ 3 }
어떤 관계를 맺을 것인가

신뢰할 만한 사람이 될 것

요즘에는 인플루언서를 꿈꾸는 사람이 많다. 더 많은 '좋아요'를 받고 인기 있는 사람이 되길 바란다. 그러나 '먹고사는 문제'에서는 조금 더 섬세한 시각이 필요하다. 그저 조회수, 팔로어가 많은 게 능사는 아니다. 오히려 내가 아는 작가들을 보면, 팔로어는 많지 않아도 핵심적이고 중요한 관계 덕분에 든든한 생활 기반을 갖춘 경우가 많다.

한 작가는 학교에 매우 촘촘한 네트워크를 구축하고 있다. 그가 책을 내면 전국의 사서교사나 진로교사가 강사로 초빙하고 책을 구입해서 아이들에게 읽게 한다. 이런 작가는 SNS를 전혀 안 해도 자신만의 중요한 관계망을 통해서 먹고산다.

    그렇다면 그런 관계는 어떻게 쌓은 걸까? 몇 가지 요인이 있는데, 우선 그는 매번 맺는 관계를 소중히 여겼다. 운 좋게 학교에 강의를 하러 가면, 교사들에게 꼬박꼬박 감사함을 전하며 언제 어디서든 불러 주면 가겠다는 식의 열린 마음을 내보였다고 한다. 강의 준비를 철저히 해서 학생과 교사 모두 만족시킨 것은 두말할 필요도 없다. 그러면 그 교사가 다른 교사에게 그를 '소개'해 주는 일이 생긴다. 그는 그런 소개를 통해 점점 더 많은 교사와 감사한 관계를 맺게 되었고, 시간이 흐르며 그런 관계가 기하급수적으로 늘어났다.

    여기에서 핵심은 '신뢰'다. 내가 차린 교습소에 아이를 맡기든 나에게 법률 사건을 맡기든 나를 강연에 초정하든, 그런 적극적인 행동은 나를 신뢰해야만 나온다. 저 사람이 사고를 칠 것 같거나 일을 대충할 것 같거나 어쩐지 불안불안하다면, 아무리 팔로어가 많아도 의미 있는 관계는 생기지 않는다. 저 사람에게는 중요한 일을 맡겨도 괜찮겠구나 하는 '신뢰'를 주는 것, 즉 진정한 '신뢰 관계'를 형성해야 한다.

이를 잘 모르는 사람이 많은 듯하다. 어떤 식으로든, 온갖 자극적인 콘텐츠로 일단 사람들의 이목을 끌고 조회수만 오르면 좋아한다. 그 과정에서 각종 허위사실 유포까지 서슴지 않기도 한다. 하지만 그런 식으로 얻은 조회수나 팔로어가 진짜 '관계'가 될 리는 없다. 호기심과 재미로 '구경'할 수는 있겠지만, 실제 내 삶에 그런 사람을 초대하고 싶어질 리는 없다.

신뢰 관계란 결국 상대가 자신의 삶에 나를 초대하고 싶어지는 마음에서 시작된다. 그런 마음으로 자신의 책장에 내 책을 들이고, 자신이 근무하는 공간에 나를 초청한다. 역시 그런 마음에서 인생이 걸린 법적 사건을 맡기고, 소중한 아이를 보낸다. 그러니 무의미한 1000명을 만들 고민 대신 의미 있는 1명을 만들 고민을 해야 한다.

일상 바깥에서 관계 찾기

나도 몇몇 직장을 거치면서 여러 직장인을 알고 지냈다. 그러다 보면 꽤 오랫동안 조직 안에 남아 있겠구나 싶은 사람이 있고, 반대로 조만간 독립할 것 같다 싶은 사람이 있다. 어느 쪽이 좋고 나쁘다는 뜻은 아니다. 그저 그 사람의 생활 패턴 자체가 자연스레 보인다. 그런 예상은 거의 틀리지 않는다.

원하든 원치 않든 조직 바깥으로 나갈 일이 없어 보이는 사람의 특징이 있다. 바로 직장 바깥에서 별다른 활동이 없다는 점이다. 만나는 사람은 회사 동료 아니면 동기 동창이 전부다. 만족하든 아니든 거의 직장과 집을 오가는 생활을 할 뿐, 바깥에서 따로 무언가를 하고 있다는 느낌 자체가 없다. 그런 사람이 독립을 하는 경우는 보지 못했다.

반면에 조직 안에서뿐만 아니라 바깥에서도 무언가 부지런히 활동하는 사람이 있다. 독서 모임을 하거나 뉴스레터를 만들고 SNS에도 부지런히 무언가를 올린다. 자기만의 취미를 갖고 동호회 활동을 하거나 부지런히 교육을 받으며 다른 자격증 준비도 하고 있다. 특히, 그러면서 직장 바깥의 누군가와 관계를 맺고 있다. 흥미롭게도 그를 직장 바깥으로 이끄는 것은 단순히 새 자격증 취득이나 뉴스레터 구독자 수가 아니라, 그 과정에서 만난 몇몇 중요한 인연이다. 어떤 식으로든 바깥에 있는 누군가가 그를 독립하도록 이끄는 것이다.

그러니 조직을 벗어나 독립하고 싶다면, 무엇보다 바깥에도 관계가 있어야 한다. 그냥 술 마시는 친구를 말하는 게 아니다. 앞으로의 생계와 관련 있는, 독립 기반으로서의 관계가 '직장 바깥'에 필요하다.

우리가 만나는 사람들은 알게 모르게 우리에게 영향을 주면서 우리 삶의 방향을 만든다. 1년 내내 조직 안에서 내부의 일만 생각하는 사람들을 만나면, 조직 바깥은 없는 세계가 되어 버린다. 나갈 이유도 없고 나갈 수도 없는 세상이 된다. 그것은 그것대로 나쁘지 않다. 조직 내에서 안정적으로 잘 적응하며 평생 살아가는 것도 좋은 삶이다.

그러나 바깥으로 나가 독립된 삶을 일구고 싶다면, 일단 관계를 바꿔야 한다. 독립해서 사는 사람들을 부지런히 만나는 것이 시작이다. 나는 직장을 다닐 때 독립해서 자기만의 삶을 일구는 주변 사람들을 인터뷰하는 프로젝트 '밀착된 마음'을 시작했다. 가장 먼저 만난 사람은 친한 형이기도 했던 김풍 작가였다. 그 뒤로 프리랜서로 살아간다고 할 수 있는 작가, 평론가, 사업가, 변호사 등을 꾸준히 만나고 다녔다. 그들을 만날수록 조직 밖에서도 살 수 있다는 감각이 싹트기 시작했다. (그때 했던 인터뷰들은 내가 쓴 책 『돈 말고 무엇을 갖고 있는가』, 『사람을 남기는 사람』에 각각 부록으로 실려 있다.)

독립하려는 사람은 어떤 식으로든 관계를 확장해

야 한다. 장기적으로 보면 그들 중 누군가는 내가 독립했을 때 내 고객이나 거래처가 될 수도 있다. 그건 아니더라도 나에게 바깥에서의 삶이 가능하다는 믿음을 주는 이들이 있을 수 있고, 소소하게 서로를 지지하고 돕는 동료가 될 수도 있다. 뭐가 됐든, 내가 속한 조직이 전부는 아니라는 감각을 기르면서 관계의 기반을 다져야 한다.

홀로 독립하여 살아가겠다는 것은 마을에서 농사짓던 삶을 벗어나 세계를 두루 여행하는 상인이 되겠다는 뜻이다. 상인에게 가장 필요한 것은 마을 바깥에서 나와 거래할 사람들이다. 아무도 모르는 상태로도 마을을 나설 수는 있지만 그랬다간 굶어죽기 십상이다. 가장 먼저 다른 마을에 아는 사람들부터 만들어야 한다. 부지런히 편지를 쓰고, 방문하고, 인연을 쌓아야 한다. 독립은 거기에서부터 시작된다.

매일 조금씩 직장 바깥을 경험하기

독립의 기반이 직장 바깥에 있다는 건 분명하다. 그렇다고 해서 직장 안의 관계를 등한시해도 된다는 뜻은 아니다. 직장을 나간 뒤에도 직장 내에서 맺은 관계가 계속 중요하게 작용하는 경우가 많다. 업종에 따라 전 직장 사람들과 협업할 일이 생길 수도 있다. 무엇보다 직장에 다니는 동안은 가장 오래 만나며 희로애락을 나눈 사람들이니 인생의 소중한 인연이 될 가능성이 크다.

그러니 그들과도 무난한 관계를 맺어 둬야겠지만, 다소 냉정하게 비율이나 비중을 고민해 볼 필요가 있다. 가령 직장 동료와는 반드시 '매일' 점심을 같이 먹어야 하는가? 그래야만 유지될 관계인가? 그게 아니라면 일주일에 두 번은 동료와 점심을 먹되, 세 번은 다른 방식으로 점심시간을 활용할 수도 있다.

나는 회사에 다닐 때 일주일에 사흘쯤은 점심시간을 동료들과 따로 활용했다. 혼자 카페에 가서 글을 쓸 때도 있었고, 간단히 서면이나 전화 인터뷰를 하기도 했다. 직장 바깥에 있는 사람을 만나기도 했는데, 근처까지 와 달라고 하는 대신 점심은 내가 사는 식이었다. 특히 점심시간이 딱 한 시간으로 정해진 게 아니라 비교적 유연하게 주어진다면, 그 시간만 잘 활용해도 내 시야와 경험을 바깥으로 넓힐 수 있다.

기억에 남는 사례가 있다. 일주일에 한 번씩 '문화 모임'을 가진 직장인 이야기다. 그는 온라인으로 주변 직장인을 다섯 명쯤 모아서 매주 월요일 점심시간에 만나 인상 깊게 본 문화 콘텐츠를 공유했다. 책, 유튜브, 드라마, 영화 등 뭐가 됐든 최신 이슈나 좋은 콘텐츠를 공유하는 모임이었다. 소소하지만 내가 보기엔 매우 중요한 시도다. 1년이면 50번 이상 모임을 하게 되는데, 그 시간 동안 회사 바깥의 테마를 다루며 교류한다는 것만으로도 보다 '자유로운' 마인드를 갖게 된다.

모임을 다양하게 변주해 볼 수도 있다. 글쓰기 모임, 크리에이터 모임, 경매 모임, 재테크 모임, 외국어 공부 모임 등 뭐가 됐든 그렇게 바깥 사람들을 만나고 서로의 경험과 시야를 확장하는 것 자체가 독립에 도움이 된다. 독립해서 무엇으로 먹고살게 될지는 단정할 수 없다. 오히려 '모든 것'으로 먹고살게 된다고 말하는 편이 자연스럽다. (이에 관해서는 차차 자세히 이야기하겠다.)

어느 날 갑자기 사생결단 식으로 회사를 박차고 나가는 게 아니다. 매일 조금씩 바깥을 경험하는 일이 자연스레 나를 조직 너머로 이끄는 것이다. 엄청난 의지와 대단한 용기로 뛰쳐나가는 게 아니다. '외부의 영역'이 차츰 확장되면서 절로 밖으로 나가게 된다. 이에 관해서는 일본의 사상가 우치다 다쓰루가 매우 적절한 이야기를 했다.

이제껏 올바른 결단을 쌓아 온 사람 앞에는 결단을 망설일 만한 양자택일의 상황이 나타나지 않는다. 반대로 이제껏 몇 번이고 결정적인 국면에서 판단을 잘못해 온 사람 앞에는 결단을 재촉하는 갈림길이 자꾸만 나타난다.●

독립은 충분히 무르익은 과실이 떨어지듯 자연스럽게 이루어질 필요가 있다. 당신이 보낸 모든 날이 지금의 당신을 규정한다. 지금 바깥의 삶을 도무지 상상할 수 없다면 그런 삶을 살아온 것이다. 반면 지금부터 바깥의 삶을 꿈꾸며 행동하기 시작한다면, 몇 달 혹은 몇 년 뒤 누가 시키지 않아도 밖으로 걸어 나와 있을 것이다. 그 시작이 바로 '관계'다.

● 우치다 다쓰루, 『거리의 현대사상』(이지수 옮김, 서커스, 2019)

{ 4 }
관계의 기반은 알림

모든 것은 '알림'에서 시작한다

좋은 관계를 맺기 위한 조건은 뭘까? 타인의 말에 귀 기울일 것, 선한 사람이 될 것, 서로 윈윈하는 상호성을 지닐 것 등이 여러 자기계발서에서 강조하는 조건이다. 그러나 '독립을 위한 기반'으로서의 관계 맺기에는 그 모든 것보다 더 중요한 게 있다. 바로 '알림'이다.

먹고살기의 근거, 사회적 삶의 근거, 독립된 삶의 근거로서의 관계는 내가 무엇을 하는지 '알림'으로써 시작된다. 이는 독립의 시작점이자 모든 것이라고 할 만큼 중요한 부분이다. 우주가 빅뱅에서 시작되었다면, 독립하여 사는 삶은 '알림'에서 시작된다. 이 책의 모든 내용을 잊어도 이것만은 반드시 기억해야 한다고 감히 말하고 싶다.

프리랜서 디자이너라면 자신이 무슨 디자인을 하는지 세상에 알려야 한다. 블로그든 홈페이지든 SNS든, 하다 못해 명함으로든, 자신이 디자인하는 사람이라는 걸 세상에 알리지 않고서 프리랜서로 먹고살 방법은 없다. 독립하여 살고자 한다면 노출증이 있는 사람이나 '관종'(관심을 갈구하는 사람이라는 뜻의 신조어)에 가깝다고 여겨질지라도 어느 정도의 부끄러움을 극복해야 한다. 자신이 디자인한 로고든 책 표지든 일러스트든, 저작권 문제가 생기지 않는 한에서 세상에 끊임없이 내보여야 한다.

내가 하는 일을 알릴 필요도 없고 알리지도 않는 관계는 독립된 삶에 직접적인 도움이 되지 않는다. 동네 카페 사장과 반갑게 인사하고 시시콜콜한 이야기를 나눌 만큼 가까운 사이일 수는 있지만, 그에게 내가 변호사나 작가인 걸 알리지 않는다면 그가 나에게 도움이 될 가능성은 거의 없다. 그러나 내가 직업이나 하는 일을 알리면, 그가 임차 문제나 직원 문제로 법적 문제를 겪을 때 나에게 상담을 하거나 사건을 의뢰할 수도 있다.

혹은 내가 쓴 책을 한 권이라도 사고 주변에 권하거나 카페에 비치할 수도 있다.

따라서 그냥 사교적인 관계와 사회적으로 맺는 관계를 구별해야 한다. 물론 때때로 두 관계가 섞이기도 한다. 사실 가장 이상적인 관계는 사적으로 무척 친밀하면서 사회적으로도 서로 도우며 각자의 기반을 지지해 주는 관계일 것이다. 그러나 모든 관계에서 이상을 좇아서는 곤란하다. 그럴수록 관계에 실망하거나 갈피를 잡지 못할 수도 있다.

독립에 필요한 관계는 사회적 관계이고, 그 관계의 필수 전제는 내가 하는 일을 알리는 것이다. 독립하여 살길 바란다면, 그 전제로 세상에 내 일을 '알려야' 하는 사명이 생긴다고 볼 수 있다.

어떻게 알릴 것인가

직장을 그만두고 나서 나를 알리겠다고 생각하면 이미 늦을 수 있다. 독립에 조금이라도 관심이 있다면, 일찌감치 나를 알리는 일을 시작해야 한다. 무작정 SNS를 시작해 키드뉴스를 만들고 피드 광고를 돌리면서 나를 '홍보'하라는 의미가 아니다. 블로그로, SNS로, 개인 홈

페이지로 천천히 내가 '하는 일'이 무엇인지 아카이빙하고 타인에게 노출할 필요가 있다는 얘기다. 그것이 독립을 위한 기본 중의 기본이다.

내가 대기업의 지식재산권팀에서 일하는 변호사라고 해 보자. 나는 정년까지 직장을 다니는 게 아니라 회사를 나가서 독립된 나만의 삶을 꾸리고 싶다. 그렇다면 회사를 다닐 때부터 회사 바깥 사람들이 내가 지식재산권 관련 일을 하는 변호사라는 걸 알고 있어야 한다.

나를 알리기 위해 링크드인이나 페이스북 같은 SNS에 내 이야기를 조금씩 올려 본다. 지식재산권 분쟁으로 다녀온 미국 출장 이야기라든지, 최근 찾아 읽은 지식재산권 관련 논문에서 흥미로웠던 지점이라든지, 내가 하는 업무에서 파생되는 여러 최신 이슈를 언급해 보는 것이다. 그렇게 몇 년간 직장 생활을 하면서 틈틈이 내 이야기를 쌓아 놓은 블로그를 하나 만들어도 좋다. 그러면 지식재산권 분야의 자문이나 강의 등이 필요해서 검색을 하다가 우연히 내 블로그를 발견한 사람이 생길 수 있다. 관련 분야 전문가가 네트워킹을 위해서 해시태그를 검색하다가 내 계정을 발견할 수도 있다. 내 일을 알린 덕에 회사 바깥의 관계가 자연스레 생기기 시작하는 것이다.

출판 편집자나 콘텐츠 기획자도 마찬가지다. 10년 경력이 있어도 회사 내부에서만 기획하고 편집한다면 바깥의 관계가 생길 수 없다. 물론 거래처나 작가와의 관계는 일을 하며 쌓이기도 하지만, 그것만으로는 충분하지 않다. 내가 작업한 책, 잡지, 콘텐츠 등을 부지런히 알려야만 독립할 여지가 생긴다. 유사한 관심을 가진 사람들을 하나둘 알아 가면서, 필요할 때 협업하거나 훗날 구독자 또는 고객이 될 수 있는 사람들도 만들어 두는 것이다.

바깥의 관계를 많이 축적할수록 독립 이후의 삶이 유리해진다. 여기에는 이론의 여지가 없다. 그 출발점이 내가 하는 일을 '알림'에서 시작된다는 점도 분명하다. 나로서는 이보다 더 적합한 방법이 떠오르지 않는다.

SNS에 일상 이야기를 올리더라도 내 일이나 직업을 조금씩 언급해 보자. 나와 SNS로 관계 맺은 사람이 우연히 그 일과 관련된 필요가 있을 때 불현듯 나를 떠올릴 수 있을 정도면 된다. 독립된 삶은 이처럼 나를 '불현듯 떠올려 줄' 사람들의 그물망으로 유지된다. 이 부분이 직장에 소속된 삶과 확실히 다른 점이다. 직장에서는 나를 불현듯 떠올린 누군가라는 존재는 거의 의미가 없다. 오히려 직장에서 중요한 관계들은 나를 항상 기억하다 못해 주시하고 있다. 직장 동료나 상사가 나를 잊어버리는 일은 있을 수 없다. 그들에게 기억되려 애쓸 필요는 없다. 반면 독립된 삶은 기억되고자 애쓰는 삶이다. 우리는 불현듯 떠올린 노래를 찾아듣듯, 사람들로 하여금 우리를 찾게 해야 한다. 사람들의 기억 어딘가에 '나'라는 인간을 한 줌 새겨야만 한다.

편성준 작가는 SNS의 중요성에 대해 다음과 같이 이야기한다. "콘텐츠만 좋으면 누구에게나 다가갈 수 있는 세상이 되었다. '인스타 믿고 외진 데 가게 얻었어'라는 말은 우리가 이전과는 얼마나 달라진 세상에서 살고 있는지를 말해 준다."● SNS의 부작용에 대한 이야기가 심심찮게 들리지만, SNS의 본질은 여전히 '연결'이라고 볼 수 있다. 그렇다면 연결로 먹고사는 사람에게 SNS는 역시 필수다.

노출된 아카이빙을 하라

그래서 독립을 준비하는 사람이든 시작하는 사람이든 필수적으로 해야 하는 일이 바로 '노출된 아카이빙'이다. 기고든 출간이든 강연이든 인터뷰든 내가 한 일을 공개적으로 차곡차곡 정리해 두는 공간이 필요하다. 오

● 편성준, 『살짝 웃기는 글이 잘 쓴 글입니다』(북바이북, 2022)

프라인 사업장을 갖추고 있어도 마찬가지다. 내가 한 모든 일은 일종의 경력으로 타인에게 주는 신뢰의 바탕이 된다. 어떤 일을 맡기고 싶을 때 하수는 그냥 검색을 하고 광고에 낚이지만, 고수는 그 사람의 진짜 실력의 근거를 찾는다.

내가 기관의 강의 담당자라고 해 보자. 아무런 근거나 경력을 찾을 수 없는 초보자에게 중요한 강의를 맡길 리는 없다. 그랬다간 윗선에서 한 소리 들을 게 뻔하고, 뒷일을 책임질 자신도 없다. 당연히 한 번이라도 강의를 해 본 사람을 찾게 된다. 그러면 검색을 하든 네트워크를 이용하든 그 사람의 경력을 확인해 보고 싶어진다. 그럴 때 그의 활동을 정리해 둔 공간에 쉽게 접근할 수 있다면 그를 초빙할 가능성이 높아진다.

중요한 것은 '조회수'가 아니다. 많은 사람이 블로그에 글을 올릴 때 하루 조회수에 집착하고, 조회수가 잘 안 나오면 금방 의욕을 잃고 아카이빙을 그만둬 버린다. 그러나 중요한 것은, 조회수 1이 찍히더라도 실제로 의미 있는 관계망에 있는 사람이 나의 아카이빙 공간을 보는 일이다. 모든 일은 그렇게 중요한 1명에서 시작된다는 점을 잊지 말자.

영화 『카모메 식당』은 일본인 여성이 핀란드에 식

당을 차려서 먹고사는 이야기다. 첫 두어 달은 파리만 날렸다. 낯선 일본인이 무턱대고 연 식당에 찾아오는 손님은 없었다. 그녀는 날마다 가게 문을 열어 뒀지만 수많은 사람이 스쳐 갈 뿐이었다. 변화는 손님 한 명이 찾아오면서 시작된다. 그 첫 손님에게 그녀는 커피를 계속 공짜로 주겠다고 한다. 그러자 그 손님은 거의 매일 식당을 찾고, 이어 나중에 직원이 되는 손님도 찾아온다. 그렇게 최초의 손님 한두 명으로 활기를 띠기 시작한 식당은 이내 북적이게 된다.

한 명을 무시하면 안 된다. 몇십만 부가 팔린 베스트셀러를 쓴 김동식 소설가는 공장에서 일하는 노동자였는데, 틈날 때면 소설을 써서 한 온라인 커뮤니티에 올렸다. 그런데 그 커뮤니티에서 그의 소설을 읽는 사람 가운데는 작가 겸 출판인 김민섭이 있었다. 그의 소설을 읽은 사람은 아주 많았지만, 그중 한 명은 그의 소설을 출판하고 싶다는 생각을 했다. 김민섭 작가는 자신이 아는 출판사에 김동식 작가를 소개했고, 김동식 작가는 그렇게 베스트셀러 작가가 되었다.

사실 출판의 세계에서 이처럼 '노출'을 통해 첫 책을 내고 널리 알려진 사례는 드물지 않다. 작가에게는 노출이 생명이자 운명이며 업의 근간이다. 요즘에는 다른 업도 크게 다르지 않다. 동네에서 카페를 하든 피티숍을 하든 학원을 하든 길거리 마케팅에만 의존할 수는 없다. 사람들은 이제 동네 어딘가를 가려 해도 검색부터 한다.

나도 처음 피티숍을 고를 때 집에서 1분 거리에 있는 피티숍인데도 먼저 검색을 하고, 트레이너가 자신의 경력과 지식을 아카이빙해 둔 블로그를 확인한 다음에야 그곳을 방문했다. 온라인에 정보가 없었다면 아예 가지 않았을 것이다. 그렇게 좋은 트레이너를 만났고 그 역시 나라는 고객이 생겼다. 그런데 이것이 끝이 아니다. 나는 그에게 내가 변호사라고 알려 주었고, 그가 임대차 문제를 겪자 내가 그의 변호사로 사건을 수임하게 됐다. '상호 알림'이 '서로 먹여 살리기'로 이어진 대표적인 사례라고 생각한다. 독립한 사람은 이렇게 먹고산다.

양적으로 많은 노출을 하라

심리학 교수이자 저명한 작가 애덤 그랜트의 『오리지널스』에 이와 관련된 흥미로운 연구가 나온다. 그는 많은 전시회에 참여한 화가일수록 더 높은 평가를 받고 경매 낙찰가도 더 높으며 예술사적 영향력도 크다는 연구를 언급하면서, 양적으로 많은 노출을 시도할수록 성공할 확률이 높다는 점을 지적한다.

다시 말해, 소수의 작품을 소수의 갤러리에 전시하는 것보다 다작을 하며 다수의 갤러리에서 전시회를 많이 열수록 더 독창적인 예술가로 인정받고 성공할 확률도 높다는 뜻이다. 너무 당연하게 보일 수 있지만, 이런 생각을 못 하는 예술가가 의외로 많다. 많은 화가가 필생의 역작 하나를 만들어 내는 데 전념하거나 한정된 관계 속에 안주해 있다.

그러나 노출은 많을수록, 다변화될수록 좋다. 나도 처음엔 글을 한 편 쓰면 페이스북에만 올렸다. 수험생 시절이라 그 이상 신경 쓸 겨를도 없었다. 변호사 시험을 치른 뒤에는 인스타그램에도 글을 올려 보기 시작했다. 지금은 같은 글이라도 페이스북, 인스타그램, 브런치, 링크드인 등 다양한 플랫폼에 올린다. 몇 초의 수고만 더 하면 노출을 늘릴 수 있는데, 그렇게 하지 않을 이유가 없다.

놀랍게도 반응은 거의 즉각적으로 왔다. 다소 정체되어 있던 페이스북보다 인스타그램, 링크드인, 브런치 등에서 구독자 수가 늘고 글이 매개가 되어 제안받는 일이 늘기 시작했다. 요즘에는 북토크에 가 봐도 페이스북보다 인스타그램이나 링크드인을 보고 온 분이 더 많을 정도다. 말하자면 페이스북은 내게 작가로서 여러 관계를 맺게 해 준 일종의 '본진'이었지만, 그곳에서만 활동하기를 고집할 이유는 없었다. 다른 SNS를 통해서도 값진 인연을 충분히 만들 수 있었던 것이다.

플랫폼 다변화는 여러모로 유리하고 의미가 있다. 하나의 플랫폼에만 의존하면 여러 위험이 따른다. 갑자기 페이스북에서 내 계정의 노출도를 낮춰 내 글이 다른 이들에게 닿지 않게 만들 수도 있다. 혹은 한 플랫폼의 인기가 시들해져서 중요한 업계 사람들이 알게 모르게 대거 떠났을 수도 있다. 이런 위험을 방지하기 위해서라도 여러 플랫폼에서 '알림'을 병행할 필요가 있다. 사람들이 언제까지고 그 자리에서 나를 바라보고 있다는 법은 없다. 반대로 내가 그들이 가는 곳을 따라가는 수고를 해야 한다.

우리 시대에는 수많은 콘텐츠가 생산되며 사람들의 관심도 수시로 바뀐다. 그럴수록 '알림'에 부지런해져야 한다. 그런 걸 품위 없고 꼴사납게 여긴다면 독립하는 삶에는 어울리지 않는다. 물론 고독하게 기량을 갈고닦는 장인을 어느 날 TV쇼 등에서 깜짝 발굴할 가능성도 없진 않지만, 그런 걸 은근히 기대하는 것이야말로 더 우스운 일이다. 바라는 것이 있다면 정확히 마주하고, 그에 필요한 행위를 하는 것이 옳다. 우리 시대 장인은 두 가지 일을 다 해야 한다. 부지런히 기량을 연마하는 한편, 연마 과정과 결과를 끊임없이 세상에 알려야 한다.

{ 5 }
진정성 있게 살고 순수하게 이야기하기

구독자 수를 수익으로 환산할 수 있을까

퇴사나 독립을 준비하고 있거나 이미 독립한 사람이 SNS 팔로어가 빨리 늘지 않는다고 조급해하는 경우를 많이 본다. 그럴 때면 단순히 팔로어가 많고 적고가 먹고사는 일에 결정적인 건 아니라고 말해 준다. 내 주변만 보더라도 팔로어는 나보다 많은데 충분한 수입을 거두지 못하는 프리랜서가 적지 않다. 반대로 나보다 팔로어는 적지만 내실 있는 관계를 통해 훨씬 큰 성공을 일궈 낸 사람도 많다.

많은 사람이 인플루언서가 되면 먹고살기 쉬울 거

라고 막연하게 생각한다. 인스타그램이나 유튜브에서 10만 명 이상의 팔로어나 구독자를 확보하면 쉽게 돈을 버는 줄 안다. 그런 막연한 생각은 그렇게 인플루언서가 되어야만 독립할 수 있다는 막연한 믿음으로 이어진다. 그러나 실상은 그렇지 않다.

10만 이상의 구독자를 확보한 유튜버가 된다 해도 조회수 수익만으로는 만족할 만한 수익이 나지 않을 수 있다. 딱 잘라 말하기 어려워도, 구독자 10만 기준으로 주3회 영상을 업로드할 때 순수 조회수로 발생하는 월 수익은 100~200만 원 수준으로 알려져 있다. 편집이나 촬영에 비용을 쓰는 구조라면 사실상 본전밖에 안 되는 경우도 많다.

결국 단순히 팔로어나 구독자 수가 많으면 '자동으로' 먹고살 만해진다는 것은 막연한 믿음일 뿐 진실이라 보기 어렵다. 그보다 중요한 것은 그렇게 얻은 인지도를 본업과 연결시키는 일이다. 흔하게는 구독자들이 수강할 만한 강의를 열거나 사서 읽을 책을 출간하는 일이 있다. 변호사라면 조회수 100만보다 내게 사건을 맡길 100명이 훨씬 더 중요하다. 디자이너 역시 조회수 100만보다 내게 디자인을 의뢰할 출판사, 기획사, 기업, 기관 등이 더 중요하다. 핵심은 내 본업에 도움이 되는 사람들을 '타기팅'targeting하는 것이다.

여러 개의 유튜브 채널을 운영하는 크리에이터 서산은 이런 얘기를 한다. "'구독자 1000명이면 망한 채널 아닌가?' 유튜브를 시작하기 전에 했던 생각이다. 매일 내가 보는 것이 구독자 수십, 수백만 명의 유튜브 채널이라 그럴 수 있다. 하지만 오프라인 매장에 1000명이 온다고 생각해 보면 이 숫자가 결코 작지 않다는 것을 알 수 있다. 분야에 따라 채널의 특성에 따라 벌 수 있는 금액은 다르다."● 같은 1000명이어도 다 같은 1000명은 아니다. 어떤 채널에서 1000명은 그냥 숫자에 불과한 조회수이지만, 어떤 채널에서 1000명은 구체적으로 채널 서비스나 제품 구매로 이어지는 '진짜 사람'이다.

물론 구독자 수십만 명을 확보한 인플루언서에게는 협찬이나 광고로 돈을 벌 기회가 생긴다. 그러나 그것만으로 안정적인 수입을 얻기는 부족하기 때문에 많은 인플루언서가 SNS를 통해 뭔가를 판매하는 일명 '팔이피플'로 전향한다. 인플루언서들을 지켜보다 보면 십중팔구는 무언가를 '판매'하는 때가 온다. 공동구매를 하거나, 쇼핑몰을 열거나, 화장품 회사 또는 출판사를 차린다. 인지도가 구체적인 '돈'으로 환원되지 않으면

● 서산 외, 『그 일을 하고 있습니다』(멜라이트, 2024)

독립된 삶을 일궈 나갈 수 없다.

나는 인플루언서나 셀럽을 목표로 삼는 것은 조금 곤란한 방식이라 생각한다. 물론 유명해지겠다는 목표로 열심히 살아서 실제로 유명해지는 사람도 있지만, 그렇지 못할 확률이 너무 높다. 나아가 단순히 유명해진다고 해서 안정적인 기반이 만들어지는 것도 아니다. 내가 말하고 싶은 것은 독립된 생활에 필요한 요령과 원칙, 소속이 없거나 유명하지 않더라도 자기만의 기반을 만들어 나가는 법이다.

막연하게 인플루언서, 유명인 되기를 목표로 삼아 무리한 수단을 쓰기보다는 철저하게 '직장 밖에서도 살아남기'를 목표로 잡는 편이 낫다. 그렇다면 인플루언서 되기는 필수가 아니라 부수적인 일에 불과하다. 물론 되면 나쁠 게 없지만 유일하거나 궁극적 목표로 삼을 건 아니다. 나만 해도 오로지 '인플루언서' 기준으로 보자면 팔로어 수가 그리 대단하진 않다. 그럼에도 독립해서 삶을 일궈 가는 데 부족함이 없을 정도로, 충분히 많은 일을 하면서 나만의 사회적 기반을 다져 나가고 있다.

즐기면서 SNS 활용하기

SNS 팔로어 조급증으로 돌아와 보자. 물론 팔로어 수나 인지도가 전혀 무의미한 것은 아니며, 특히 개인 사업에서는 큰 의미가 있을 수 있다. 많은 자영업자가 열심히 SNS 홍보를 하지만 좀처럼 팔로어가 늘지 않아 조급함에 시달린다. 그러다 AI를 활용해 콘텐츠를 양산하거나 피드 광고료를 무리하게 쏟아붓기도 한다.

사실 명확한 정답은 없다. 실제로 그런 방법으로 많은 팔로어를 확보하는 경우도 있다. 그러나 내가 지향하는 방법은 다르다. 나는 '진정성 있게 살고 그 삶을 이야기하기'라는 방법을 제안하고 싶다.

누구든 무언가를 팔려고 접근하는 사람에게는 경계심이 생기기 마련이다. 광고도 보기 싫고, 홍보나 영업을 위해 접근하는 사람도 꺼려진다. 그들에게만 이익이 되는 일에 내가 이용당한다는 느낌이 들기 때문이다.

그러면 SNS를 어떤 식으로 활용해야 할까? 교묘하게 속내를 감추고 은근슬쩍 내 일을 홍보하면 될까? 그것도 그리 좋은 방식은 아닌 것 같다. '타인을 끌어들여 인지도를 쌓아 내 돈벌이에 이용하겠다는 의도'는 쉽사리 간파되고 거부감을 일으킨다.

그렇다면, 차라리 그런 의도를 진심으로 '극복'해 보자. '진짜 내가 좋아하는 것에 관해 쓴다. 순수하게 내 삶을 이야기한다. 내 이야기를 기록하고 기억하려고, 삶의 방향을 잡고 나를 다독이며 나아가려고 쓴다'고 진심으로 믿고, 그렇게 하는 것이다. 그 결과 누군가 나를 찾아주고 그것이 나의 먹고살기에 도움이 된다면, 그것대로 좋다.

그런 면을 은근히 기대할 수는 있다. 그러나 그걸 가장 중요하고도 궁극적인 목표로 삼지는 않는다. 그 과정을 즐겨야 한다. 문화평론가로서 나는 영화, 드라마, 책 같은 콘텐츠에 대해 쓰고 알리는 것을 진심으로 좋아한다. 그런 '알림'이 전혀 돈이 되지 않는다 해도 나는 계속 그런 콘텐츠를 보고 그에 관해 쓸 것이다. 실제로 20대 시절에는 찾는 이가 거의 없는 블로그에도 그런 글을 매년 수백 편씩 썼다.

블로그 방문객이 1명이던 스무 살 때부터 20년쯤 꾸준히 글을 쓸 수 있었던 건 어디까지나 내가 글쓰기를 좋아하기 때문이었다. 하루를 기록하고 생각을 정리하는 게 좋았고, 나중에는 사람들과 소통하는 걸 즐겼기 때문에 꾸준히 글을 쓰고 나의 이야기도 세상에 알릴 수 있었다. 주객이 전도되어 무작정 유명해지는 것만을 목표로 했다면, 오히려 즉각적인 반응이 없어서 중도 포기했을 가능성이 높다.

거꾸로 생각해 보자. 오직 유명해지겠다는 목표로 SNS를 한다면, 그런 목표를 달성하지 못했을 때 밀려드는 허무감을 견디기 힘들 것이다. 10년간 열심히 SNS를 했는데도 원하는 만큼 팔로어를 확보하지 못했다면 허송세월했다는 기분이 들 것이다. 그러지 않으려면 내 이야기를 남기고 알리고 소통하는 과정을 진심으로 즐겨야 한다.

일본의 작가 오바라 가즈히로는 단순 '결과물'을 파는 시대가 저물고 이제는 '과정'을 통한 경제가 도래했다는 점을 강조한다. "프로세스를 보여 주지 않고 완벽한 상태의 아웃풋을 세상에 내보이는 것이 우리가 기존에 가지고 있던 상식이었다. (……) 하지만 프로세스를 공개하고 반응을 살피면서 끊임없이 수정해 가는 쪽이 오히려 급변하는 요즘 시대에는 잘 들어맞는다."● 완벽한 목표와 결과만을 내보여야 한다는 생각은 버리자. 대신 매일 실패하기도 하며 나아가는 과정 자체를 즐기면서 세상 사람들과 공유하는 거다. 그쪽이 더 인간적이고, 진실된 삶에 가깝기도 하다. 어차피 언제 죽을지 모르는 삶이다. 그 여정을 즐겨야 한다.

● 오바라 가즈히로, 『프로세스 이코노미』(이정미 옮김, 인플루엔셜, 2022)

기록의 의미, 소통의 즐거움

기록과 알림에는 몇 가지 즐거움과 의미가 있다. 기록은 특히 소속 없이 1인으로 살아가는 사람에게 매우 큰 안정감을 준다.

지난 5년간 나는 무엇이었을까? 직장인이라면 5년 차에 대리에서 과장으로 승진했다거나 사내에서 성공한 프로젝트를 떠올리며 지난 5년간의 의미를 찾을 수 있다. 그러나 독립한 사람은 제대로 기록하고 정리해 두지 않으면 5년간 정신없이 살면서 내가 뭘 했는지조차 잘 모른다. 결국 그간 모은 돈으로나 자신을 평가하게 되는 경우가 많다.

그러지 않으려면 내가 어떤 식으로 살아왔고 어떤 경력을 쌓았으며 어떤 다양한 일에서 관계와 기회를 쌓고 있는지 정리하고, 그런 기록을 삶의 기반으로 삼을 필요가 있다. 그러니 매일 혹은 매주 내가 한 일들을 기록하는 일 자체에 의미를 부여하자. 그렇게 쌓이는 내 '일의 기록'은 겸사겸사 내가 하는 일을 '알리는' 계기가 된다. 이번 주에 한 작업, 강연, 거래처와의 협상 등을 단순히 기록하는 것만으로도 누군가는 내 일에 흥미와 호의를 가질 수 있다.

그 과정에서 나와 유사한 일을 하며 비슷한 고민을 하는 사람을 만나면 의미 있는 관계가 싹트기도 한다. 혼자 일하는 것은 자유롭기도 하지만 외롭기도 하다. 서로 영감을 주고받을 수 있는 유사 업계 동료를 알게 되는 것만으로도 큰 보탬이 된다. 나 또한 페이스북에 글을 쓰며 처음으로 '동료 작가'라고 할 만한 이들이 생겼다. 서로의 글을 읽어 주며 응원하고 지지하는 존재의 등장은 삶에 큰 위안이 된다.

나아가 그런 사람들끼리 실질적인 도움을 주고받을 수도 있다. 나는 SNS에서 알게 된 여러 작가와 공저를 쓰고, 서로의 책에 추천사를 써 주며, 대담회나 공동 북토크도 활발하게 진행한다. 그 과정에서 특히 유의미한 점은 서로의 '인지도를 공유'한다는 점이다. 나의 관계망과 그의 관계망이 겹치면서 확장된다. 내가 아는 평론가가 그와 연결되어 협업하기도 하고, 그의 책을 좋아하는 독자가 내 책을 찾아 읽기도 한다.

독립한 사람을 먹여 살리는 '관계의 단단함'이란 바로 이렇게 만들어진다. 혼자 잘났다며 일방적으로 능력을 발휘하고 과시하는 게 아니라, 상호 관계를 맺어 서로가 쌓아 온 관계의 기반을 합치고 섞어서 더 단단한 네트워크를 구축하면서 말이다. 유튜버나 연예인이 서로의 채널에 게스트로 나오면서 결속력을 다지는 것과 비슷하다. 서로의 구독자나 팬이 합쳐지고 겹쳐지면서 더욱 단단한 기반을 얻게 되는 것이다. 요즘에는 그런 관계망을 가리켜 '유니버스'라고도 한다.

예를 들어, 유튜버 A에게 B·C·D 등 친한 유튜버가 있다고 해 보자. 이들은 각자의 채널과 계정을 보유하고 있지만, 서로의 채널을 자주 오가며 출연한다. 그러면 구독자 입장에서는 처음에는 A만 구독했어도 점점 B·C·D를 하나의 세계(유니버스)에 속한 이들로 인식한다. 즉 A·B·C·D는 따로이면서도 서로 연결되어 하나의 유니버스를 구축하는 것이다. 결론적으로 A·B·C·D의 구독자는 각자 분리된 상태가 아니라 네 사람 모두의 이야기를 지켜보는 유니버스의 구독자가 된다. 이것이 최근 유튜버들이 서로의 인지도를 확장하며 기반을 다지는 방법이다.

그렇기에 독립하여 홀로 일하기로 마음먹었다고 해서 협업을 기피하거나 두려워해서는 곤란하다. 오히려 그럴수록 더 적극적으로 연결되겠다는 마음이 필요하다. 독립된 삶의 관건은 의외로 나와 연결된 사람들에게 있다. 독립했다고 해서 완전히 '홀로' 사는 게 아니다. 그러려면 산에 들어가서 자연인이 되어 농사를 짓고 사냥을 하며 자급자족해야 한다. 독립하여 일한다는 건 오히려 직장에서와는 다른 방식으로, 더 적극적으로 타인과 연결되기로 마음먹는 것이다.

이를 완전히 새로운 방식이라고 볼 수는 없다. 과거에는 '문단'처럼 좀 더 실체가 있는 관계망이 제도권 권력을 만들어 냈다. 아는 작가, 평론가, 교수, 편집자, 편집위원끼리 밀어 주고 끌어 주며 '먹고사는 필드'를 만들었다. 예술계나 연예계에서도 '선후배'로 끈끈하게 이어진 인맥이 서로를 먹여 살렸다. 지금은 그처럼 '제도권'이라고 부를 수 있는 관계망보다 개개인이 준거점이 되는 새로운 형태의 관계망이 더 중요해졌을 뿐이다. 그러나 본질은 다르지 않다. 우리는 관계망 속에서 사회적 자아를 얻고, 먹고살 기반을 다지며 살아간다.

관점을 바꿔야 한다. 독립하여 자유롭게 일하며 세상을 여행하듯 산다는 건 아무도 모르는 세상을 홀로 데굴데굴 굴러다니는 것이 아니다. 오히려 걸음걸음마다 타인과 연결되며 관계망을 만드는 것이다. 새로운 나라를 여행할 때마다 게스트하우스에 들러 다른 나라 사람을 사귀고, 그렇게 전 세계에 찍은 점들이 연결된 관계를 구축함으로써 '독립하는 삶'이 가능해진다.

정리하자면, 단순히 수많은 팔로어를 거느리겠다

는 맹목적인 목표는 버리자. 진정성 있게 나의 이야기를 기록하고, 하나하나의 인연을 소중히 하면서 상호적인 관계를 만들어 간다는 마인드로 온라인 세계에 참여해야 한다. 대단한 인지도를 당장 얻지 못하더라도 그 자체로 의미가 있다. 내 삶을 보다 온전하고 단단하게 마주하면서, 이 삶을 함께 만들어 갈 좋은 동료들을 얻을 수 있다. 관건은 그 과정 자체를 사랑하는 것이다.

독립하여 살아간다는 것은 이처럼 내 삶을 스스로 기록하면서 만들어 가고, 관계 맺고 협업하는 여정을 사랑하는 일이다. 이 사랑에 들어서지 못하면 독립의 자유도 어느덧 저주가 되고 외로움이 될 수 있다. 직장을 다니는 사람이 결국 그 안정된 출퇴근과 그 속에서 맺는 관계와 희로애락을 사랑해야 하는 것처럼, 독립하여 살아가는 사람도 자신의 라이프스타일을 사랑해야 한다. 놀랍게도 이 사랑에 몰두할수록 더 만족스러운 삶을 살게 된다.

{ 6 }
우연한 연결의 힘

우연을 믿는다는 것

독립을 하고 나면 날이 갈수록 우연에 대한 신앙이 생긴다. 이때 '우연'이란 카오스 같은 세상에서 무작위로 일어나는 현상이 아니다. 오히려 우연도 내가 깔아 놓은 판 위에서 일어난다는 사실을 깨닫게 된다. 바다에 낚싯대 100개를 던지면, 그중 몇 개의 미끼는 무는 물고기가 있을 것이다. 우연이란 대략 그런 것이다. 애초에 낚싯대를 던지지 않았다면 물고기가 잡히리라는 우연 자체를 기대할 수 없다. 물론 낚싯대 100개를 던진다고 해서 반드시 물고기가 잡힌다고 단정할 수는 없고,

무슨 물고기가 잡힐지도 모른다. 그러니 여기서 말하는 '우연'에는 개인의 의지와 행동이 복잡 미묘하게 얽혀 있다.

낚싯대를 계속 던지는데도 도무지 물고기가 낚이지 않으면 자리를 옮겨야 한다. 배를 타고 더 깊은 섬으로 들어가거나 아예 다른 지역으로 가야 할 수도 있다. 아니면 미끼를 바꾸거나 낚시하는 시간대를 바꿔야 한다. 그 모든 조건을 이해하고 여러 방식으로 시도하는 사람이라면, 능숙한 낚시꾼이라고 할 만하다. 그는 운을 낚을 줄 안다. 우연이 다가올 때를 맞춰 문을 열 줄 안다.

독립된 삶에서 우연을 믿는다는 건 이런 것이다. 던지면 뭐가 낚일지 모르지만, 경험적으로 언젠가는 무언가는 낚인다는 걸 믿는 것. 나만 해도 그런 사례가 하도 많아서 책에 다 쓰지도 못할 정도다. 비교적 최근의 예를 하나만 들어 보겠다.

30대의 마지막 해, 나는 '사단법인 오늘은'이라는 비영리단체 이사장으로 초빙되었다. 문화예술을 통해 청년 문제를 해결하겠다는 모토로 설립된 단체였다. 이사장이라니 어쩐지 지혜로운 백발 노신사에게나 어울리는 직함 같아서 처음엔 거절했다. 그러나 실무진과 이야기가 오갈수록, 나도 그 자리에서 할 수 있는 일이 있겠다 싶어 중책을 맡게 됐다.

이사장이 됐다고 해서 독립된 생활의 정체성이 흔들리진 않았다. 사실상 내 본래 생활을 유지하면서 활동 하나가 추가된 정도였고, 일의 성격은 먹고살기 위해 하는 다른 본업들과는 다른, 봉사활동 혹은 재능기부에 가까웠다. 어쨌든 이 일을 맡게 된 계기도 어찌 보면 여러 우연이 겹친 덕이었다. 시작은 이렇다.

어느 날 SNS에서 내 활동을 지켜보던 한 작가가 연락을 주었다. 자신이 아는 어느 전자책 플랫폼 대표가 자립준비청년●을 인터뷰하고 그들의 이야기를 전할 '글쓰기 팀'을 구하는데 내 생각이 나더란다. 내가 SNS를 통해 글쓰기 모임원을 모집하고 그들과 쭉 각별하게 지내는 모습을 보았기 때문이다. 그는 나의 '글쓰기 팀'이 그 일을 맡아 주면 어떻겠냐고 제안해 왔다. 그때만 해도 나는 그냥 글쓰기 모임을 몇 번 운영했을 뿐, 모임원들과 팀을 꾸려 무슨 프로젝트를 해 본 적은 없었다.

그런데 나와 함께 글쓰기 모임을 하던 사람들에게는 꽤나 좋은 기회일 것 같았다. 모임에서만 글을 쓰는 것으로 끝내기엔 그 치열했던 과정이 아깝게 느껴졌다. 그래서 그 제안을 덥석 받아들여 글쓰기 모임원들과 함

● 보호종료아동이라고도 한다. 아동양육시설, 공동생활가정, 가정위탁 등에서 보호를 받다가 성인이 된 후 보호가 종료되어 홀로서기에 나선 청년을 일컫는다.

께 '세상의 모든 청년' 프로젝트를 시작했다. 애초에 제안받은 건 자립준비청년 인터뷰였지만, 청년 장애인·청년 노동자·청년 예술가·청년 북한이탈주민·청년 외국인 노동자·학교 밖 청년 등 다양한 청년들을 인터뷰하고 그들의 이야기를 모으는 프로젝트를 만든 것이다. 실제로 이 프로젝트는 성공적으로 이루어져 전자책뿐만 아니라 단행본으로까지 출간되었다.

'사단법인 오늘은'은 그때 인터뷰를 하려고 글쓰기 모임원 한 분이 찾아간 곳이었다. 당시 자립준비청년을 지원하고 있던 그곳의 사무국장을 만나 인터뷰를 했고, 그 이야기가 책에 실렸다. 그로부터 몇 년 뒤 전임 이사장의 임기가 끝나 새로운 이사장이 필요해졌을 때 그 사무국장이 나를 '불현듯' 떠올렸고, 내가 이사장으로 초빙되었다. SNS에 글을 올리고, 글쓰기 모임을 하고, 그 과정을 역시 SNS에 알리고, 그러다 한 작가가 불현듯 나를 떠올리는 식으로 몇 년에 걸친 우연이 이어졌다.

사실 이런 연결은 독립된 삶을 일구며 네트워크를 만드는 사람에게는 꽤나 흔하게 일어난다. 독립해서 살다 보면 세상이 보이지 않는 무수한 끈으로 연결되어 있다는 사실을 알게 된다. 우연이 나를 찾아온 것은 그 끈 가운데 하나를 나도 모르게 잡아당겼기 때문이다.

우연은 타인으로부터 온다

그렇게 글쓰기 모임원들과 성공적으로 '공저 프로젝트'를 완수한 것이 귀한 첫 경험이 되어, 그 뒤로도 여러 공저 프로젝트를 이어 가게 됐다. 『세상의 모든 청년』이후로도 『나의 시간을 안아주고 싶어서』 『그 일을 하고 있습니다』 등 글쓰기 모임원과 함께 쓴 책이 잇따라 출간되었다.

'글쓰기 모임'이라고는 해도 기본 형태는 글쓰기 수업에 가까웠다. 나는 글쓰기를 가르치는 강사, 모임에 온 분들은 글쓰기를 배우는 수강생 입장이라고 볼 수 있었다. 통상 강사와 수강생 관계란 돈을 지불하고 수업을 받고 나면 끝나는 관계다. 내 청년 시절을 돌이켜 봐도 거의 모든 글쓰기 수업이 그랬다. 그러나 인연이란 것이 어떻게 소중하게 작동할 수 있는지 깨달으면서 이 관계가 달리 보이기 시작했다.

나는 글쓰기 모임이 끝났어도 함께하는 단톡방을 만들어 '글쓰기 네트워크'라 이름지었다. 그리고 글쓰기로 인연을 맺은 사람들과 다양한 프로젝트를 진행했다. 대표적인 사례가 지금까지 수십 명이 참여해 온 뉴스레터 '세상의 모든 문화'다. 이 뉴스레터는 그들이 작가로 데뷔하고, 첫 책을 낼 때 필요한 기초 원고를 쓰고, 작가로서 인지도를 쌓는 데 큰 역할을 했다. 나에게 명료한 금전적 수익은 없었지만 이 과정을 통해 여러 작가가 배출되었고, 나는 그들과 돈독한 동료 관계를 유지하고 있다.

현실적으로 아무런 이익이 없었던 것도 아니다. 이렇게 이어진 인연들이 전국에 있다 보니 다른 지역에서 북토크를 하거나 그 지역 기반으로 활동할 일이 있을 때 여러모로 유용하다. 부산의 독립서점 '크레타'는 나와 함께 글쓰기 모임도 하고 『그 일을 하고 있습니다』라는 공저도 출간한 강동훈 대표가 운영하는 곳이다. 나는 부산에 갈 일이 있을 때면 그에게 미리 연락해서 북토크를 할 수 있을지 물어본다. 그러면 그는 자신의 지역 커뮤니티에 기반해 북토크를 성사시켜 주곤 한다. 그럴 때면 나 역시 최선을 다해 서점 홍보를 돕고 책도 사 온다. 애초에 그런 걸 목적으로 한 관계가 아니었는데도 어느덧 서로에게 감사한 관계가 된 것이다.

눈앞의 이익, 돈 한 푼에만 급급하면 그처럼 '감사함을 기반으로 한 관계망'을 만들기 어렵다. 오히려 인연 자체를 소중히 여기고, 내가 그를 위해 할 수 있는 일이 무엇인지 고민하는 데에서부터 관계망이 구축되기 시작한다. 사람을 사귀어 그로부터 무엇을 '얻어 낼지' 고민하기 전에 내가 무엇을 '줄 수 있는지'를 생각하는 것이다.

이는 애덤 그랜트가 『기브앤테이크』에서 강조한 '기버'giver로서 사는 것의 중요성과 일치하는 부분이기도 하다. 이 책에서 사회학자 겸 인적 정보망 구축 전문가 웨인 베이커는 다음과 같이 말한다.

> 단지 '무언가를 얻을 목적'으로 인맥을 쌓으면 성공하기 어렵다. 인맥이 주는 혜택은 의미 있는 활동과 관계를 투자한 결과로 따라오는 것이지, 그것 자체를 '추구'한다고 얻을 수 있는 게 아니다.●

우연은 자연이나 우주로부터 오는 게 아니라 타인으로부터 온다. 타인은 내가 혼자 사는 동굴로 찾아 오는 것이 아니다. 내가 끌어당길 때 비로소 값진 우연이자 좋은 운으로 다가온다. 끌어당긴다는 것은 내가 그에게 무언가를 먼저 주었다는 뜻이다. 혹은 적어도 그와의 인연을 소중히 여기고 무언가를 주고자 노력했다는 뜻이다.

비슷한 관점에서, 우리가 타인의 '콘텐츠'에 먼저 관

● 애덤 그랜트, 『기브앤테이크』(윤태준 옮김, 생각연구소, 2024)

심을 갖는 방법도 있다. 세상에는 자신의 콘텐츠를 간절히 알리고 싶어 하는 사람이 적지 않다. 대표적인 사람이 작가다. 내색은 안 해도 작가들은 자신의 책에 대한 리뷰를 올려 준 독자들에게 매우 고마워한다. 우리가 어떤 책을 읽고 감동받았다면, 작가를 태그하고 리뷰를 올리는 것만으로도 그에게 일종의 '선물'을 준 것이다. 실제로 나도 그렇게 '선물'을 주고받으며 맺은 관계가 적지 않다. 내가 책을 읽을 때마다 작가의 계정을 찾아 태그하고 관계를 맺는다면, 그중에서도 오래도록 이어지는 귀중한 인연이 생겨날 가능성이 높다. 타인의 콘텐츠를 소비하고 관심을 '주는 것' 자체가 '선물'이고 관계의 시작인 셈이다.

많은 사람이 이런 관점을 받아들이기 어려워한다. 오히려 나의 잘남을 끊임없이 추구하고 자랑하다 보면 누군가 나를 필요로 하고 나에게 성큼 다가올 거라 믿는다. 그래서 자존심을 내려놓지 못하고, 먼저 다가갈 생각을 하지 못하고, 남들이 알아서 나를 인정해 주고 다가오기만을 기다린다. 그러나 우연은 그런 식으로 만들어지지 않는다. 우연은 내가 스스로 끌어당기는 끈에서부터 시작된다.

우연을 필연으로 만드는 사람

이처럼 나는 우연한 만남을 일종의 필연으로 만들어 가는 데 관심이 많다. 우연히 한 작가를 알게 되면 "언제 한번 밥 먹어요" 하고 인사치레를 하기보다는, 구체적으로 함께할 수 있는 일이 뭐가 있을지 고민해 본다. 북토크나 온라인 대담회를 함께 열기도 하고, 새 책을 쓰면 추천사를 부탁해 보기도 하고, 공저를 쓰거나 공동 프로젝트를 추진하기도 한다. 그렇게 함께해 온 작가들이 너무 많아서 일일이 열거할 수 없을 정도다.

김민섭 작가와 함께 진행한 '책장 위 고양이' 뉴스레터 프로젝트가 대표적인 사례다. 김민섭 작가와는 SNS로 우연히 알게 된 사이였는데, 부산에 올 일이 있었던 그가 내게 연락을 해 왔다. 점심을 함께하며 제대로 인연을 맺은 덕에 나중에 내가 뉴스레터를 함께 만들어 보자고 제안했고, 각자 아는 작가를 모아 필진을 구성해 보자는 이야기로 발전했다. 그렇게 김혼비·남궁인·문보영·이은정·오은 작가를 초청해서 뉴스레터를 발행했고, 공저 『내가 너의 첫 문장이었을 때』의 출간으로까지 이어졌다. 인연을 필연으로 만들고자 했던 노력이 결실을 맺은 셈이다.

사실 그때 나는 로스쿨을 다니는 학생이었다. 혼자서는 그런 프로젝트를 실행할 여력이 없었지만, 형편이 넉넉지 않아 글을 써서 학비와 생활비에 보탤 필요가 있었다. 나로서는 인연을 값지게 만들고자 먼저 손을 내민 동시에 SOS를 친 상황이었다고도 할 수 있다. 당시 김민섭 작가는 작은 회사를 운영하고 있었기에 그 회사의 인프라로 뉴스레터를 발행할 수 있었다. 그런데 흥미롭게도, 김민섭 작가는 이 프로젝트를 2탄, 3탄으로 계속 이어 가며 더 많은 작가를 프로젝트에 참여시키고 있다. 그 역시 우연을 필연으로 만드는 사람이었던 것이다.

서로 도우면서 각자의 것을 내어놓고 나누겠다는 생각이 없다면, 우연이 찾아오지도 않고 관계망이 만들어지지도 않으며 '감사함'을 느낄 수 있는 관계도 생기지 않는다. 관계를 오로지 이득의 관점에서만 바라보면 상대방도 그걸 충분히 느낀다. 그런 관계에서는 진정으로 값진 것이 탄생할 수 없고, 그런 관계가 오래 진실되게 이어지기도 어렵다.

나를 먹여 살린 건 8할이 인연이다. 인연을 소중히 여길 줄 모르고 혼자 잘난 맛에 취해 살면 자기 이익을 철저히 챙길 수 있을 것 같지만, 의외로 그렇지 않다. 청년 시절엔 그걸 몰랐다. 그래서 작가의 길도 포기할 뻔

했다. 그러나 다행히 너무 늦지 않게 진실을 깨달았다. 인간은 고립되어 살 수 없다. 인간은 서로 기대고 돕고 이어지면서만 살 수 있다. 연결은 생명줄이다.

{ 7 }
관계에도 우선순위가 필요하다

중요한 것과 그다음으로 중요한 것

세상에 속 편하게 좋기만 한 것은 없다. 무슨 일이든, 어떤 원칙이든 결점이나 주의할 점이 있기 마련이다. 독립한 삶에서 관계가 중요한 건 분명하지만, 그렇다고 관계의 늪에 빠져서도 곤란하다. 세상 모든 관계를 동등하게 소중히 여길 수도 없고, 세상의 모든 인연과 우연에 호응할 수도 없다. 이 점을 제대로 자각하지 못하면 온갖 관계의 소용돌이 속에서 허우적거리게 될 수 있다.

로빈 던바의 『프렌즈』는 관계에 대한 과학을 다루는 책이다. (나는 이 책을 무척 좋아해서 꽤 긴 서평을 관계에 관한 에세이집 『사람을 남기는 사람』에 싣기도 했다.) 다음은 『프렌즈』에 나오는 관계에 관한 연구 결과다.

> 사교 시간 전체의 약 40퍼센트는 가장 안쪽 층에 속한 5명에게 투입되며 20퍼센트는 다음 층에 속하는 사람들 중에 가장 안쪽 층의 5명을 제외한 10명에게 투입된다. 즉 우리의 사교적 노력의 60퍼센트가 단 15명에게 집중된다. 나머지 135명은 나머지 시간으로 만족해야 한다.●

즉 우리에게는 가장 중요한 5명이 있고, 그다음으로 중요한 10명이 있다. 그 바깥에는 역시 중요도에 따라 계속 그룹이 나뉘고, 사실상 유의미한 관계는 150명 정도까지 맺을 수 있다고 한다. 주목할 부분은, 인간이라는 존재는 인생에서 가장 중요한 15명 안팎에게 사교 시간의 60퍼센트가량을 쓴다는 점이다.

물론 많은 사람과 만나서 밥도 먹고 술도 마시고 명함도 교환하면서, 날마다 SNS를 돌아다니며 수천 명의 게시글에 '좋아요'를 누르고 '댓글'을 달다 보면 우연을 끌어당기게 될 가능성은 높아질 것이다. 그들이 어느 날

● 로빈 던바, 『프렌즈』(안진이 옮김, 어크로스, 2022)

불현듯 나를 떠올리게 될 가능성도, 내가 하는 일을 기억하고 내게 관심 가질 확률도 올라갈 것이다.

그러나 연구가 말해 주듯, 나는 그런 방식에는 인간의 본성상 한계가 있다고 생각한다. 우리는 결국 우리에게 소중하고 중요한 사람들 위주로 깊은 관계를 맺고, 나머지 사람들과는 '적당한 거리'를 유지하는 관계를 맺을 수밖에 없다. 나에게 일을 주는 여러 기회가 그중 어디에서 올지는 알 수 없지만, 일에만 인생을 '올인'할 게 아니라면 관계에도 우선순위가 필요하다.

상대방이 알면 기분 나쁠지도 모르지만, 나에게 중요한 사람들을 차등적으로 분류하여 그들에게 쓸 시간과 에너지를 분배해야 한다. 가장 소중한 5명에는 배우자와 자녀를 포함한 가족, 가장 친한 친구 몇 명이 들어갈 것이다. 그다음 10명에는 역시 중요한 친구나 동료, 친척 등이 자리한다. 그다음 35명, 그다음 40명 등과는 적당한 거리를 둔 적절한 만남을 고민해야 한다.

막연히 나에게 도움이 될 것 같거나 거절을 못하는 성격 때문에 부르는 곳은 다 달려가고 온갖 사람을 만나느라 정신 없어지면, 진짜 중요한 것을 잃게 될 수도 있다. 내가 누리고 싶었던 '독립'의 자유에는 분명 직장 상사나 거래처 등 '타인에게 무자비하게 흔들리지 않는 생활'도 포함되어 있었을 것이다. 그런데 관계를 쫓느라 내 삶의 중심을 잃으면, 주객이 전도된 상황이 되고 만다.

'항성 대 항성'의 관계 맺기

그렇기에 때로는 거절이 필요하다. '관계의 운'을 감소시키는 결과를 낳을지라도 말이다. 물론 거절은 완곡하게 표현할수록 좋다. '제안은 너무 고맙지만 현재로서는 여력이 없다' 정도면 딱 좋다. 실제로 여러 관계에 이끌렸다가 멀어지고 거절했다가 다시 만나고 하는 과정들을 거치다 보면, 내 삶에 필요한 관계란 무엇인지, 우선순위를 두어야 할 관계는 어떤 것인지 차츰 감이 온다.

관계란 필수라는 걸 기억하되, 관계에 휘둘리지 않게끔 적절히 배치하고 거리를 조절해야 한다. 독립하여 사는 삶은 기본적으로 내가 '태양' 같은 중심 항성이 되어 내 주변을 도는 행성들의 위치를 배치하는 것이다. 가까이 있는 행성, 멀찍이 떨어진 행성, 중간쯤 있는 행성까지 '나'를 중심으로 재편할 줄 알아야 한다.

물론 처음에는 당장 생존에 급급해 타인의 '행성'이 될 수도 있다. 그러나 그렇게 되면, 독립한 삶보다는 직장에 소속된 삶에 가까워지는 셈이다. 정확히 말하면, 독립하여 사는 사람들이 맺는 관계란 서로에게는 서로가 '행성'처럼 보여도 저마다의 입장에서는 자신이 '항성'이라 느끼는 상태여야 한다.

예를 들어, 작가 A와 1인 출판사 대표 B가 있다고 해보자. A에게 B는 관계를 맺은 출판사나 강의 담당자, 언론인 등 여러 행성 중 하나이다. 아마 B에게 A도 작가, 인쇄소 사장, 서점 MD 등 여러 행성들 중 하나이다. A든 B든 자신이 '항성'이 되어 주변 관계들을 행성처럼 배치해야 한다. 그렇지 않고 그저 상대방의 '행성'이라고 느끼며 끌려다닌다면 독립된 삶은 점점 훼손되고 무너지기 시작한다.

즉 나는 나로서 중심을 지키며 내 주변 관계를 조율하고, 상대방도 그 자신을 중심으로 주변 관계를 조율한다. 이 조율이 맞아떨어지는 관계가 많을수록 단단한 관계망을 갖게 된다.

이때의 관건은 상대방을 내게 소속된 것처럼 거느리지 않는 것이다. 내 입장에서 상대는 내 주위를 도는 행성이지만, 실제로는 상대 역시 항성이다. 우연히 서로의 궤도가 서로에게 '항성-행성' 관계처럼 겹쳤을 뿐 실제로 소속된 관계는 아니다. 그러니 반드시 독립성과 거리를 유지해야 한다.

나는 이 관계의 방식을 철저히 지키려고 노력한다. 타인을 거느리겠다고 하는 순간, 독립된 삶에서 벗어나 회사를 차리겠다는 입장이 되고 만다. 예를 들어 나는 뉴스레터 '세상의 모든 문화'를 운영하지만 참여하는 작가들을 '거느리는' 방식은 전혀 아니다. 작가들이 저마다 자기 날짜에 알아서 글을 올리고 발송한다. 분기별로 그만 쓰고 싶은 사람은 그만 쓰고, 다시 들어오고 싶은 사람은 들어온다. 작가 개인이 개별 주체로서 하는 일이다.

마찬가지로 사단법인의 이사장이 되었어도 딱히 직원들에게 지시를 내리고 수족처럼 부리지 않는다. 나는 이사장이 되자마자 그저 내가 할 수 있는 일을 하겠다고 이야기했다. 청년창작권리센터를 만들어 청년 예술가들의 권리 상담을 해 주고, 웹진을 만들어 글을 올리거나 자문 역할 정도를 하겠다고 했을 뿐이다. 물론 같은 법인에 속한 사람들끼리 협업을 하기는 하지만, 그들과도 어디까지나 독립적인 관계를 유지하려고 한다. 만약 이 관계가 깨져 수직적인 지시를 내리는 관계가 된다면, 나는 이 일을 그만둘 것이다. 내가 바라는 건 어디까지나 저마다 자신의 일을 하며 협업하는 삶이다.

독립한 삶에서는 너무 무겁게 서로를 구속하지 않는 것이 관계의 핵심이다. 타인의 중력장에 끌려 들어가고 싶다면 더 이상 독립한 삶에는 어울리지 않는다. 그런 사람에게는 한 직장에 단단히 소속되어 동료들과 매일 점심을 같이 먹으며 끈끈한 유대감을 쌓는 것이 알맞은 관계의 방식일 것이다. 그러나 독립한 사람은 항성과 항성 간의 거리를 유지하며 각자의 삶을 영위해야 한다. 이는 자유일 수도 있지만, 단단한 책임감과 굳건한 심지가 필요한 일이기도 하다.

다양한 범주의 동료 만들기

처음으로 돌아가면, 결국 독립한 사람이 해야 할 일은 '다양한 범주'의 관계를 맺는 것이다. 일상을 채우는 가족 관계나 친밀한 지인과의 관계 등을 제외하더라도, 우리 삶에는 수많은 관계가 존재한다. 더 자주 만나서 다양하게 협업하는 관계, 가끔 만나지만 종종 중요한 연결을 서로에게 전하는 관계, 실제로 만날 일은 거의 없지만 멀리서 지지하고 응원하는 관계 등 저마다 다른 무게와 결을 지닌 관계들을 적절히 배치하고 조율해야 한다.

개인적으로 나는 나와 글쓰기 모임을 함께한 이들

을 상당히 중요한 관계의 범주에 둔다. 그 밖의 관계들도 다 챙기면 좋겠지만 현실적으로 불가능하다. 북토크, 강의, 인터뷰로 연을 맺은 경우도 소중하지만 역시 그런 이들이 1년에 수백 명은 되기 때문에 다 깊은 연을 맺을 수는 없다. 그러나 글쓰기 모임을 함께한 이들과는 조금은 더 깊은 관계를 맺으려 한다.

그 이유는 일단 글쓰기 모임은 적어도 8주 이상을 진행하는데, 그 과정에서 수십 시간을 함께 보내기 때문이다. 그러면 별도로 약속을 잡고 만나지 않더라도 친밀감이 쌓이고 서로에 대해 아는 것도 많아진다. 이쯤 되면 스쳐 가는 인연이라 볼 수 없으니, 내 관계망의 안쪽에 배치된다. 가끔이라도 만날 수 있으면 만나고, 협업할 일이 있으면 함께하고자 한다.

독립한 사람들을 보면 저마다 다른 방식으로 관계의 동심원을 그려 나간다. 예를 들어, 1인 변호사끼리 뭉쳐서 모임을 만들고 서로 정보를 교류하고 사건을 소개해 주기도 한다. 이들에게는 '1인 변호사 모임'이 1차적으로 중요한 관계일 수 있다. 경우에 따라서는 단순 모임을 넘어 아예 정식 학회나 협회를 만들어 더 끈끈하게 뭉치기도 한다. 예를 들어 나는 현재 한국문화콘텐츠비평협회의 정회원이기도 한데, 이곳에는 평론가, 작가,

학자 등 다양한 이들이 소속되어 여러 프로젝트를 함께 한다.

한국문화콘텐츠비평협회의 부회장이자 출판계에서 20년 이상한 활동한 『서평가 되는 법』의 저자 김성신 평론가는 '비평연대'를 만들어 젊은 비평가들이 서로 연대하며 글 쓰는 일을 지원하고 있다. 문단 내의 '문학잡지' 중심으로 모이던 과거의 평론가와 달리, 그는 예전부터 제도권 밖에 있는 장동석, 홍순철 평론가 등과 자발적으로 연대하며 출판평론가로서의 삶을 구축해왔다. '서평가'라는 흔치 않은 직업으로도 독립된 삶을 구축한 데에는 그러한 구체적인 연대가 만들어 낸 힘이 큰 역할을 했다고 볼 수 있다.

독립해 살아가면서도 아무런 관계망 없이 외딴 무인도에서 자급자족하는 것처럼 보이는 사람도 없지는 않다. 그러나 대개는 아무리 은거를 좋아하는 사람처럼 보여도, 막상 들여다보면 그가 사는 동네에서의 인적 네트워크를 형성하는 식으로 그를 지탱하는 '관계망'이 있다. 내가 아는 사람 중 시골에 정착한 시인이 있는데, 들어 보면 그 역시 소소하게 아이들에게 국어를 가르치거나 주민과 문학을 나누며 살아간다.

그러므로 나는 독립하여 살아가고자 하는 사람들

은 기본적으로 다양한 관계망을 갖출 필요가 있다고 확신한다. 자신의 세계를 약육강식형 정글이나 아는 사람 하나 없는 사막으로 두지 말자. 세상을 모험하는 만화 주인공처럼, 어디를 가나 가깝거나 느슨한 관계들이 있는 세계, 짧게 또는 길게, 간단하게 혹은 진중하게 연대할 수 있는 동료들이 있는 세계를 만들어야 한다.

{ 8 }
전문가가 될 것

전문성 없는 삶은 연약하다

지금까지는 주로 '연결'에 중점을 두고 이야기했다. 그러나 그러한 연결, 인연, 관계가 먹여 살리는 삶에도 전제가 있다. 일단 나만의 전문 영역을 갖춰야 한다. 아마 세상에는 전문 영역 없이도 살아남는 사람들이 있을지 모른다. 하지만 속을 들여다보면 저마다 자기만의 전문성이 있기 마련이다. 누군가는 매장 디스플레이를 기가 막히게 하고, 누군가는 손님 응대에 전문성이 있으며, 누군가는 홍보나 창작에 분명한 강점이 있다.

    나는 글쓰기 모임을 할 때면 모임원들에게 내가 생

각하는 그들의 글이 지닌 강점을 꼭 알려 준다. 자신의 강점을 모르는 작가가 글을 잘 쓸 수는 없다고 생각하기 때문이다. 물론 글을 쓰다 보면 자신의 강점을 스스로 깨닫게 될 수도 있지만, 그래도 기성 작가가 생각하는 나의 강점 하나를 알아 두는 것은 분명 도움이 된다. 강점이 깊어지면 전문성이 된다. 그리고 그 전문성은 독립하여 일하는 삶에 반드시 필요하다.

전문성의 가장 기본적인 형태는 '하나'를 파고들어 잘하는 것이다. 흔히 말하는 전문직이 이에 해당한다. 의사는 의료를, 변호사는 법률 업무를, 세무사는 세무를 잘한다. 마찬가지로 책 표지에 특화된 디자이너, 커피 대회에서 상을 받은 바리스타, 『흑백요리사』에 출연할 만큼 파스타를 잘 만드는 요리사 등을 떠올릴 수 있다. 작가 중에도 오로지 소설이나 시에만 전념해 그 분야에서 큰 성공을 거두는 이가 있다. 이런 전문성은 분명 독립하여 사는 삶에서 가장 중요한 '무기'다.

전문성은 더 세부적으로 들어가기도 한다. 변호사의 경우를 보면, 온갖 법률 업무를 다 하는 변호사도 있지만 특화된 자기 분야가 있는 변호사도 있다. 그러나 요즘에는 변호사 수가 많아지면서 지식재산권·상속·세무 같은 특화 분야조차 포화 상태다. 그러다 보니 특화

변호사라 해도 다른 영역의 사건까지 닥치는 대로 맡기도 한다. 내가 아는 특허 전문 변호사는 "특허 사건 하며 살고 싶어서 이혼 사건도 한다"고 말한다. 돈은 이혼 사건으로 벌고, 특허 사건은 취미처럼 하는 것이다.

전문성을 갖추는 건 기본이지만, 아무리 특화된 영역으로 들어가도 경쟁자들이 득실거릴 만큼 우리나라에서는 많은 분야가 포화 상태다. 그럴수록 더 전문적으로 자기 분야를 갈고닦을 필요성이 커지지만, 그 방식은 끝없는 경쟁에 강도 높게 노출되는 방향이기도 하다. 1인 개업 변호사로서는 지식재산권 분야를 아무리 갈고닦더라도 20대 대형 로펌들과 그 분야의 파이를 놓고 경쟁하기는 쉽지 않다.

글쓰기의 경우도 다르지 않다. 흔히 '소설 전문가'라고 할 수 있는 작가들이 신춘문예나 주요 문예잡지를 통해 해마다 수십 명씩 등단한다. 적어도 수년간 소설 창작에 몰두하며 수백에서 수천 대 일의 경쟁을 뚫고 당선된 작가들이니 대단한 필력을 보유한 '소설 전문가'가 틀림없다. 그러나 현실적으로 그중에서 소설가로 쭉 살아남는 작가는 10퍼센트도 안 된다. 내가 아는 한 소설가는 1년에 1명만 살아남아도 다행이라고 말하기도 했다. 매년 수십 명의 등단 작가가 배출되지만, 그중 출판계에 의미 있는 족적을 남기는 소설가는 손에 꼽을 정도다. 일례로, 『영남일보』 신춘문예 출신 작가 중 42퍼센트가 등단한 지 10년이 지나도 책 한 권 내지 못했다고 한다.● 책을 내더라도 거의 알려지지 않은 채 사라지는 작가가 대부분이다.

그렇기에 지나친 전문성 추구와 그에 대한 과몰입은 자칫 삶을 더 어려운 방향으로 이끌 수도 있다. 나는 다른 방식의 전문성을 제안하고 싶다.

전문성이 형성되는 의외의 방식

처음 1인 변호사 사무실을 차렸을 때, 나 역시 온갖 사건을 잡다하게 맡으려 했다. 민사·형사·행정 등 모든 사건을 다 '잘할 수 있다'고 알렸고 다양한 사건을 수임했다. "개업하면, 사건 가리면 안 돼. 닥치는 대로 다 해야 돼." 기존 1인 변호사로부터 으레 이런 조언을 들었고, 어찌 됐든 개업하여 먹고사는 게 목표였던 나는 조언에 따라 가리지 않고 사건을 수임했다.

그러나 그 와중에도 은근히 지향하는 바가 있었다. 저작권 전문변호사가 되는 것이었다. 실제로 이전 직장도 저작권을 포함한 지식재산권 IP(Intellectual Property

---

● 육선민, 「신인작가의 생존투쟁」, 『리터러시연구』 11권 4호(한국리터러시학회, 2020)

Right)을 다루는 IP 로펌이었다. 하지만 항상 들었던 얘기가 "IP만으로는 먹고살기 힘들어"였다. IP 사건은 돈이 되지 않고, 대형 로펌에서 주로 쓸어담기 때문에 중소형 로펌이나 개인 변호사가 그걸로 먹고살 가능성은 거의 없다는 게 중론이었다.

그렇지만 나는 작가로 또 문화평론가로 살아왔기에 저작권 문제의 당사자이기도 했고, 콘텐츠에도 관심이 많아서 당연히 저작권에 눈이 갔다. 그래서 먹고사는 문제는 둘째로 치고, 그냥 저작권 관련해서 내가 할 수 있는 일을 했다. 가장 먼저 한 일은 『이제는 알아야 할 저작권법』이라는 책을 쓴 것이었다. 이 책은 나처럼 IP 분야 변호사인 내 여동생과 함께 쓴 책이라는 점에서도 큰 의미가 있었다.

그런데 흥미롭게도, 책을 출간하고 나니 점점 저작권 분야에서 할 일이 생겨났다. 일단 나를 작가로 알고 있는 출판계 및 언론계 사람들이 '저작권' 분야의 기고, 인터뷰, 강의 요청을 해 오기 시작했다. 생각해 보면 그럴 수밖에 없다. 변호사야 자기 주변에 있는 사람의 절반 이상이 변호사겠지만, 그렇지 않은 보통 사람은 주변에서 아는 변호사 한 명도 보기 힘든 게 현실이다. 그런데 마침 아는 작가가 저작권 분야도 다룬다고 하니, 저작권 관련된 일을 곧바로 맡기게 되는 것이다.

그렇게 저작권 관련 기고, 강의, 인터뷰, 방송 등을 부지런히 하다 보니 일이 점점 늘어났고, 그럴수록 나는 저작권 분야를 더 파고들며 전문성을 높이려고 애썼다. 출판계에서 '저작물 인용' 같은 문제는 매우 중요한데도 이를 다루는 변호사는 보기 드물다. 사실 저작권은 '돈 되는' 일이 아니라서 변호사 입장에서는 선뜻 시간을 투자하기 어려운 분야다. 그러나 나는 직접 글을 쓰고 인용도 하는 입장이다 보니 이 분야에 관심을 갖고 여러 이야기를 하게 됐고, 그럴수록 '출판계 저작권 분야'의 전문가로 자리 잡아 갔다.

특히 생성형 AI가 화두가 되면서는 'AI와 저작권'에 관련된 문제가 사회적 관심사로 대두했다. 이때도 나는 자연스러운 관심의 연장에서 『AI, 글쓰기, 저작권』이라는 책을 썼다. 대단한 베스트셀러가 된 건 아니었지만, 이런 분야의 책을 펴냈다는 이유만으로도 강의나 포럼 초청이 이어졌다. 내가 말하고 싶은 건, 전문성은 그 업계에 갇혀 혼자 그 분야를 주야장천 파는 식으로만 만들어지는 게 아니라는 사실이다. 오히려 '여러 분야를 횡단하며 결합할수록 강화되는 사회적 위치'가 곧 전문성이라고 볼 수 있다.

이 책을 보고 갑자기 '저작권 분야'의 책을 쓰는 변호사가 우후죽순 탄생할지도 모른다. 그러나 별로 걱정하지 않는다. 그렇다고 해서 나만의 방식으로 만들어 온 라이프스타일과 관계망 그리고 영역을 횡단한 나만의 전문성까지 대체할 수는 없기 때문이다. 나는 문화평론가로서 콘텐츠를 비평하는 일, 부지런히 글을 쓰고 책을 만드는 일, 저작권 분야에서 해 온 각종 활동까지 최소 세 가지 조합에서 비롯된 '전문적 위치'를 가지고 있다. 이는 나의 고유한 위치이자 내가 차근차근 만든 라이프스타일이다. 전문성은 바로 이 '위치적 개성' 혹은 '조합적 고유성'이다.

작가의 영역에서도 한 분야만 판다는 개념은 오히려 어색하다. 많은 소설가가 에세이집을 출간하고, 오히려 에세이로 더 큰 호응을 얻는 경우도 많다. 대표적으로 김연수, 김영하, 황정은 작가 등이 여행기나 일기 등 다변화된 글쓰기로 독자에게 다가간다. 한강 작가만 하더라도 소설뿐 아니라 시, 논문, 에세이 등 여러 분야의 글을 쓴다. 중요한 것은 어느 하나의 '전문 분야'에 집착하기보다는, 내가 나로서 할 수 있는 일들을 자연스럽게 섞으며 확장하는 것이다. 특히 작가로서는, 그의 모든 것이 조합된 상태가 그의 '스타일'이자 '고유성'이 된다.

소설가 무라카미 하루키는 '매일 달리는 사람'이라는 정체성이 무척 강해서 『달리기를 말할 때 내가 하고 싶은 이야기』라는 에세이를 쓰기도 했고, 실제로 하루키 하면 '달리기'를 이야기하는 사람이 적지 않다.

작가의 전문성이야말로 그의 '위치적 개성' 그 자체라고 할 수 있다. 비혼으로 살든, 요리를 즐기든, 유럽에서 살며 남미로 여행을 떠나든, 그의 삶이 빚어낸 그만의 '위치'가 곧 글쓰기 내용과 스타일을 만든다. 그렇기에 작가로 살고자 할 때도 나만의 '위치'를 찾아내야 한다. 내 인생의 수많은 요소를 글이라는 용광로에 녹여 하나의 '조합적 고유성'을 만들어 내는 것이다. 나의 직업, 사랑 스타일, 내가 사는 지역, 나의 취향과 취미, 가정환경 등 모든 것을 조합하여 나의 '위치'를 찾는 순간, 나는 나만의 전문성과 고유성, 개성을 가진 작가가 된다.

세상에 없는 존재가 될 것

독립하겠다는 건 '세상에 없는 존재'가 되겠다는 것이다. 나만이 할 수 있는 방식으로 여러 영역을 조합해 나만의 라이프스타일을 만들겠다는 선언이라고도 할 수 있다. 나는 그 점이야말로 혼자 일하는 삶의 가장 큰 매력이라고 생각한다.

내가 카페를 차린다면 어떤 공간을 만들까? 적어도 동네 다른 카페와 똑같은 카페를 차려서는 잘될 가망이 없다. 성공 가능성을 조금이라도 높이려면, 나만이 할 수 있는 독창적인 조합으로 카페를 운영해야 할 것이다. 가령 '글쓰는 카페'라는 콘셉트로 한쪽에 필사노트를 두고 필사 공간을 만든다. 저녁이면 독서 모임을 열고, 작가의 특별한 큐레이션을 제공하고, 글쓰기 모임원을 모으는 플랫폼 역할을 겸하는 식으로 '세상에 없던 카페'를 만들어야 최소한의 가능성이 생길 것이다.

내가 진정으로 좋아하는 것, 그래서 내 삶이 된 것, 내 삶을 이루는 것을 나의 '업'에 엮어 넣으려고 필사적으로 애쓰다 보면, 나만의 고유한 방식과 라이프스타일, 전문성이 생긴다.

이에 관해 재밌는 사례를 들은 적이 있다. 회사를 다니면서도 삶의 중심을 회사 바깥의 '해루질'에 둔 회사원이 있었다. 그에게는 밤마다 갯벌에서 낙지나 문어를 잡는 해루질이 삶의 가장 큰 낙이었다. 그래서 동호회도 만들고 자신이 잡은 문어를 인스타그램에 게시하기도 하면서 즐거운 영역을 만들어 갔다. 시간이 지나 퇴사한 뒤에는 갯벌 근처에 '해루질 펜션'을 만들었는데, 그곳이 전국의 해루질 마니아가 몰려드는 곳이 되었다. 역시 영역을 횡단한 덕분에 그만의 고유한 위치와 전문성이 생긴 것이다.

학부모들 사이에는 뭐든 '영어'로 하면 꽤나 그럴싸하고 인기 있는 사교육이 된다는 얘기가 돈다. 영어로 무용 가르치기, 영어로 태권도하기, 영어로 그림 그리기처럼 말이다. 우스갯소리지만 일말의 진실도 담겨 있다. 그냥 미술학원은 치열한 경쟁에 허덕이겠지만, 영어로 미술을 가르치는 동시에 해외 여러 박물관과 풍경을 그리면서 외국 문화를 체험하게 한다는 콘셉트만으로도 충분히 고유성을 확보할 수 있으며 그에 혹하는 학부모도 있을 법하다. 미술로 전문성을 획득하려면 수많은 미대 출신 전문가와 경쟁해야겠지만, 나만의 조합이 생기면 경쟁이 훅 줄어든다. 그때부터는 내 방식대로 더 잘해 나갈 문제만 고민하면 된다.

작가도, 변호사도 많은 시대다. 1년에 단행본 수만 종이 출간된다. 한 달에만 수천 권이 시장에 나오는 셈이다. 작가가 그야말로 쏟아지고 있다. 변호사도 매년 수천 명이 시장에 유입된다. 갈수록 경쟁이 치열해지지만, 이상하게 나는 그 누구와도 경쟁하고 있다는 느낌이 안 든다. 그냥 내 일만 잘하면 될 것 같다. 중요한 건 내가 만든 '고유한 위치'를 더 단단하게 다져 나가는 것이다. 저작권 분야의 책을 더 잘 쓰고, 강의를 더 잘하고, 그 밖에도 내가 해 온 여러 가지 일을 그냥 잘해 가면 된다고 느낀다. 어떤 규칙과 좌표 안에서 타인과 경쟁하는 게 아니라 나만의 고유한 위치를 지켜 나갈 뿐이라는 감각을 잃지 않는다면, 독립된 삶은 단단하게 유지된다.

{ 9 }
끝없이 시도할 것

자기 위치 찾기

앞에서 이야기했듯 전문성에는 크게 두 가지 종류가 있다. 하나는 진정 그 분야의 정상에 가까운 전문성이다. 우리나라 빅3 종합병원에서 심장 수술로 전국 최고 수준에 이른 의사, 대형 로펌에서 애플과 삼성의 소송을 맡아서 지휘하는 지식재산권 분야의 톱클래스 변호사, 한 나라에서 한 세기에 한 번 나올까 말까 하는 노벨문학상 수상 작가, 미쉐린 쓰리스타를 획득해 세계적인 레스토랑을 운영하는 쉐프가 그런 경우일 것이다.

하지만 그런 전문성은 상당 부분 조직과 시스템의

뒷받침을 받는다. 대형 병원, 대형 로펌, 대형 출판사, 대기업이 후원하는 레스토랑 같은 강력한 조직과 자본 안에서만 가능한 성취인 경우가 많다. 대형 로펌의 특정 분야에서 아무리 잘나가던 변호사라 해도, 막상 1인 변호사로 개업하면 그런 대형 사건과는 멀어지고 다양한 사건을 다룰 수밖에 없다. 그렇기에 내가 제시하고 강조하고 싶은 전문성은 그렇게 한 분야의 정상에 오르는 종적(수직적) 전문성이 아니라, 횡적(수평적) 전문성이다.

물론 살다 보면 정상에 서는 전문성을 추구할 수도 있다. 특히 우리나라는 대다수가 꼭대기만 바라보며 입시에 매달리는 사회이다 보니 평생 그 가치관을 떨쳐 내지 못하는 경우도 많다. 학벌이 좋은 엘리트일수록 더 높은 곳에 오르고 싶어 하며, 조금이라도 떨어지는 걸 죽기보다 무서워한다. 그렇기에 더 높은 성적을 받아 더 높은 곳에 갈 수 있으면 무조건 올라가려고만 한다. 로스쿨에서도 성적이 좋으면 판검사 아니면 대형 로펌으로 가는 것이 당연한 수순으로 여겨진다.

그러나 시선을 돌리면, 이 드넓은 땅에 나만의 탑을 세울 수 있다. 세상에는 아직 남들이 탑을 세우지 않은 땅이 널려 있다. 그렇다고 딸기로 파스타를 만들거나, 3단 곡예를 하면서 글을 쓰거나, 미끄럼틀이 100개 달린 카페를 차리는 것처럼 기상천외한 일을 해야 하는 것이 아니다. 나만의 탑은 나만의 조합법에서 나온다. 그렇다면 그 조합을 어떻게 만들어 낼 것인가가 관건이 된다.

시도하지 않으면 찾을 수 없다

세상에 없던 조합을 만든다는 것은 당연히 쉬운 일이 아니다. 자연스레 이뤄지는 일이라고 볼 수도 없다. 경우에 따라서는 '살다 보니' 자연스러운 조합이 만들어질 수도 있겠지만, 막연히 기대만 하는 건 비현실적이다. 결국 내 삶에 어울리는 조합을 만들려면, 각종 레시피를 시도하듯 끊임없이 실험해 볼 수밖에 없다.

돌이켜 보면, 나는 로스쿨을 다니면서 여러 가지 삶의 방식을 끊임없이 실험했다. 그냥 법학 공부만 하는 학생이 8할 이상이었는데 나는 다른 가능성도 동시에 실험하려 했다. 불안 때문이기도 했다. 가정을 꾸리지 않은 다른 학생들이야 변호사 시험에 떨어지더라도 재시나 삼시를 보면서 후일을 도모할 수 있다. 그러나 나에게는 아내와 아이가 있었고 나이도 있어서 로스쿨에

'올인'해서는 안 되는 상황이었다. 그랬기에 변호사 시험에 탈락할 가능성을 늘 염두에 두고 있었다.

그러다 보니 SNS에 글도 올려 보고 글쓰기 수업과 독서 모임도 진행해 보았으며 뉴스레터 프로젝트도 시도해 보았다. 라디오 전화 인터뷰에 정기적으로 참여하거나 시리즈 강의를 찍는 등 문화평론가 일에도 소홀하지 않으려 했다. 사실 변호사가 못 될 수도 있으니 '플랜 B'를 준비해야 한다는 생각에서 시도한 일이었지만, 결과적으로는 다양한 실험을 하며 유익한 경험을 쌓을 수 있었다.

직장을 다니면서도 마찬가지였다. 나는 서른 중반에 처음 수습 변호사가 되었다. 다른 변호사들과 비교하면 늦은 나이에 변호사가 된 평범한 변호사 1인에 불과했다. 그런 상황에서는 만족스러운 직장을 얻기 힘들 것 같았고, 그렇기에 작가로서의 삶을 실험하는 일을 게을리하지 않았다. 겸직 금지에 해당하지 않는 선에서, 때로는 따로 허락을 구해 가며 뉴스레터를 만들거나 별도의 기고, 집필, 강연 활동을 했다. SNS 채널도 각각 실험해 보았고, 다양한 프로젝트를 시도하고 새로운 네트워크와 모임에도 참여해 보았다.

그처럼 '끊임없이 실험하며 애매하게 몇 가지 일을

겸하는' 과정이 6, 7년쯤 쌓인 뒤에야 '독립'이라는 가능성을 생각하게 되었다. 독립했다고 곧바로 안정적인 삶이 구축되었을 리 없다. 독립 이후에도 실험은 계속 이어졌다. 처음 6개월간은 유튜브를 찍고 직접 편집해 보기도 했다. 뉴스레터를 프리미엄 구독 서비스로 운영하며 수익을 내려는 시도도 해 보았고, 다양한 형태의 세미나·모임·강연회를 직접 기획하고 개최하기도 했다. 그 밖에도 인터뷰 프로젝트, 공저 프로젝트, 각종 콜라보 북토크나 세미나 프로젝트 등 일일이 열거할 수도 없을 만큼 많은 일을 해 보았다.

그렇게 끊임없이 시도하다 보니 내가 해야 할 일이 무엇인지 차츰 감이 잡혔다. 나라는 인간이 세상이라는 좌표에서 가로세로축 어디쯤 자리 잡을 수 있을지 조금씩 알게 됐다. 그러면서 무작정 하던 일들 중 상당수를 정리했다. 처음 1인 변호사로 개업했을 때는 이혼, 사기, 횡령 등 온갖 사건을 맡았지만, 점차 저작권 관련 사건·자문·감정 정도에 집중하게 됐다. 뭐든 하고 본다는 마음으로 닥치는 대로 맡았던 지방법원 국선변호인, 대법원 국선변호인, 전세피해 법률지원, 공공기관 소속 강사, 그 밖의 각종 위원 직도 대부분 정리했다.

그러나 그동안 했던 모든 시도와 실험은 반드시 필

요한 것이었다고 생각한다. 해 보지 않고서는 어떤 조합이 만들어질지 알 수 없기 때문이다. 개인적으로 나는 우리 집에서 요리 담당인데, 우리 가족 입맛에 맞는 '소스'를 만들기까지 숱한 실패를 거듭했다. 지금은 아이도 좋아하고 어른도 좋아하는 소스를 만들어 낸다. 간장 얼마, 참기름 얼마, 올리고당 얼마, 콩 발효액 얼마, 멸치액젓 얼마 하는 식으로 우리 가족 입맛에 최적화된 황금비율을 알게 됐다. 독립하여 일하는 사람의 '황금 레시피'도 분명히 존재한다. 단 나에게 맞는 레시피는 시도해야만 찾아낼 수 있다.

당신의 레시피를 찾을 것

독립을 하면 자유가 따라온다. 이제부터는 내 인생 전체를 가져다 실험하는 시간이다. 어릴 때 만화를 좋아했다면 만화에 대한 비평으로 책을 써 볼 수 있다. 와인에 취미가 있다면 와인 클래스를 열어 볼 수도 있다. 핫플레이스 탐방을 즐겨 왔다면 핫플레이스를 소개하는 블로그를 열거나 동네 투어 프로그램을 만들어 볼 수도 있다. 내 인생의 모든 것을, 영혼까지 끌어모아 실험해 보는 시기가 도래한 셈이다.

요즘 나는 아이 친구 부모들로부터 아이들 논술 수업 좀 해 달라는 이야기를 심심찮게 듣는다. 지금은 도저히 응할 상황이 아니지만, 여력이 있었다면 아이들 독서논술 선생님도 해 봤을 것이다. 아는 변호사가 로스쿨 입시생을 대상으로 면접 대비 인문학 특강을 부탁하기도 했다. 역시 여력이 있었다면 로스쿨 입시판에도 들어가 봤을 것이다. 실제로 경찰수험학원의 대표로부터 법학 강사 제안을 받고 진지하게 고민하기도 했다. 당시 시간과 여력이 충분했다면 얼마든지 해 볼 만한 일이었다고 생각한다. 처음 독립을 하면 사방팔방 두리번거려야 한다. 할 수 있는 일은 닥치는 대로 해 보면서 나만의 '레시피' 찾기에 몰두하는 시간이 필요하다. 그런 시간이 쌓이다 보면 어떤 것을 정리해야 하고 어떤 것은 남겨야 할지 차츰 알게 된다. 특히 나를 위한 시간, 가족과 함께하는 시간 등 소중한 시간과 일과 생존의 조화를 찾다 보면, 어떤 일에 집중해야 '나에게 가장 좋은 삶'을 일궈 나갈 수 있을지 자연스레 깨닫는다. 그 '깨달음'이 시작될 때까지는 무작정 시도해야 한다.

독립해서 일하는 사람은 새로운 시도와 실험에 이골이 나야 한다. 실패 경험을 성공 경험보다 더 많이 쌓아야 한다. 생각한 것은 죽이 되든 밥이 되든 일단 시도해 봐야 한다. 신이 아닌 이상, 그중 무엇이 내 황금 레시피의 일부를 이룰지 알 수 없다. 그야말로 세상 구석구석을 탐험하듯 내 안의 모든 재능을 탈탈 털어 내야 한다. 그러다 보면 세상에 둘도 없는 조합이 생긴다. 그리고 그것이 '독립된 삶'이라는 탑을 쌓아 올릴 초석이 된다.

{ 10 }
더 주체적으로 살 것

기다림은 아무것도 가져다주지 않는다

주위 몇몇 작가의 얘기를 듣고 깜짝 놀란 적이 있다. 책을 냈지만 어디에서도 강연이나 북토크 요청이 오지 않는다면서, 역시 자기가 인지도 낮은 비인기 작가여서 그런 것 같다고 자조하는 이야기였다. 나는 혹시 도서관이나 책방, 아니면 출판사에라도 그런 기회를 얻고 싶다고 직접 말해 본 적이 있냐고 물었다. 그랬더니 그들은 거의 기어드는 목소리로 그런 말을 어떻게 꺼내느냐고 했다.

사실 나도 평생 '내향형' 인간으로 살아왔다. 남에

게 무언가를 적극적으로 제안하거나 먼저 말하는 것이 쉽지 않은 편이다. 그렇지만 성향보다 중요한 게 있다고 판단되면, 성향은 후순위로 둔다. 원하는 일을 위해 무엇을 해야 하는지 알게 되면, 억지로라도 실천하고자 한다. 가령 도서관에서 신간 출간 기념 강의를 하고 싶은데 연락이 오지 않으면, 할 일은 명확하다. 하루종일 앉아서 초조하게 기다리는 게 아니라 도서관에 먼저 연락하는 것이다.

실제로 과거에 책을 출간했는데도 별로 반응이 없고 북토크를 하자는 곳도 없어서 실망한 적이 있다. 출판사에서도 딱히 적극적으로 나서 주지 않았다. 그런데 그때 마침 집 앞에 자주 가는 동네 도서관이 하나 있고, 그곳에 북토크 하기 적합한 공간이 있다는 사실이 생각났다. 직접 전화를 해서 프로그램 담당자와 연결해 달라고 부탁한 뒤, 북토크할 공간을 무상이나 유상으로 빌릴 수 있냐고 물어보았다.

담당 사서는 무척 반가워했다. 동네에 지역 작가가 있는 줄 몰랐다면서 당장 프로그램을 추진하겠다고 했다. 나는 그냥 공간만 빌려도 다행이라 생각했는데, 도서관 차원에서 강연료도 지급하고 모객까지 해 주었다. 그것이 인연이 되어 이후에도 그곳에서 여러 행사와 프로그램을 함께했고, 인근에 사는 작가들을 도서관에 소개해 주기도 했다. 도서관 입장에서는 지역 작가들을 알게 되어 좋고, 나도 허전하던 시절에 든든한 연결망이 생겨 무척 만족스러웠다. 겨우 전화 한 통으로 이루어진 일이었다.

생각해 보면, 도서관 사서는 그 지역에 사는 작가를 알고 싶어도 알 방법이 없다. 온라인 검색을 열심히 해 보면 자기 동네를 사방팔방 알리고 다니는 작가를 한두 명 찾을지도 모르겠지만 쉽지는 않을 것이다. 그러니 집 앞에 사는 작가가 직접 연락을 주면 사서 입장에서도 일일이 찾아 나서는 수고를 덜 수 있다. 게다가 로컬이 화두인 시대에 동네 커뮤니티를 위한 의미 있는 활동을 공공 차원에서 진행할 수 있으니 반가울 수밖에 없다.

그런데 '거절당하면 창피하잖아'라는 두려움에 그런 제안을 선뜻 못 한다면 그건 너무 아쉬운 일이다. 100번 제안해서 99번 거절당할지라도, 단 한 번의 의미 있는 연결이 이루어진다면 99번의 거절도 그다지 섭섭하지 않다. 문제는 내가 거절당하지 않을 만큼 존귀한 사람이라는 자존심이나 오만이다. 그런 걸 벗어던지고 나면 삶이 다르게 보인다. 삶이 자존심을 지키거나 잃는 싸움터가 아니라 그냥 재밌는 과학 실험장처럼 보일 것이다. 실험이 자꾸 실패해 비커에서 보라색 구름이 뭉게뭉게 피어오른다 해도 별일 아니다. 그러다가 한 번 멋진 황금 물줄기라도 솟아오른다면, 99번의 실패 따위야 아무래도 좋다.

나만 해도 실패와 거절의 경험이 99번은 가뿐히 넘을 만큼 많다. 각종 공모전에 떨어진 것이 수십 번이고, 출판사 원고 투고를 거절당한 경험, 강연 제안을 거절당한 경험, 인터뷰 제안을 거절당한 경험 등 온갖 실패와 거절이 쌓이고 쌓여 있다. 그러나 거절당했다고 해서 딱히 인생에 치명적인 타격이 되진 않았다. 거절한 쪽에서 나에게 미안함을 느꼈을지는 모르겠으나, 나로서는 그냥 털고 다음으로 나아가면 그만이었다.

최근에 한 동네책방의 북토크에 초청받으면서 들은 얘기다. 책방 대표는 제안서를 보내기까지 얼마나 마음을 졸였는지 모르겠다고 말했다. 북토크에 와 줄지 몰랐다고, 초청할 때까지 100번도 더 고민했다는 것이다. 나는 아마 많은 작가가 초청을 기다리고 있을 거라고, 그렇게 바쁜 작가는 생각보다 많지 않다고 알려 주었다. 아마 작가 100명에게 초청장을 보내면 80명은 오겠다고 할 것이다. 물론 참가비를 쪼개어 작가에게 거마비 정도는 지급해야겠지만 말이다. 엄청난 거액을 요구하거나 시간 없다면서 단칼에 거절할 작가는 의외로 많지 않다.

거절이 뼈아플 수는 있지만, 독립하여 일하는 사람이라면 그 정도 통증에는 익숙해져야 한다고 생각한다. 직장에 소속된 사람이 상사의 지적이라는 통증에 익숙해지듯, 독립한 사람에게도 그 나름의 통증이 있다. 그러나 통증이 있다는 게 잘못 살고 있다는 뜻은 아니다. 오히려 우리가 잘 살고 있다면 그에 따른 어려움이나 통증은 반드시 있기 마련이다. 그런 것이 하나도 없는 삶을 지향한다면, 그야말로 매일 누워서 평화로운 애니메이션만 보며 살아야 할 것이다. 그러나 내 기준에서 그것은 삶이라고 할 수 없다. 통증이 따르지만 그만큼의 즐거움과 가치가 있는 것이 삶이다.

굴러들어오는 기회는 없다

많은 프리랜서가 일이 오기를 마냥 '기다리고만' 있다. 그러다 대기업에서 큰 제안이 오면 뛸 듯이 기뻐하고, 막상 몇 개월간 아무런 연락이 없으면 급속도로 우울해진다. 프리랜서의 삶을 괜히 '조울증적인' 삶이라고 하는 게 아니다. 나 역시 작가 4, 5년 차에는 비슷한 상황이었다. 강연이 있는 달은 맛있는 것도 사 먹으며 '조증' 같은 상태가 되었지만, 강연이나 기고 연락이 하나도 없는 달이 쌓이고 쌓이면 극도로 우울하고 불안해졌다.

개인적으로 알고 지내는 연예인들도 같은 이야기를 했다. 남들 눈에는 TV에도 나오고 잘나가는 것처럼 보여도 당장 다음 달에 아무 곳에서도 연락이 없을까 봐 불안에 떤다는 거다. 최근 연예인들이 방송 출연에만 의존하지 않고 저마다 유튜브 채널을 만들기 시작한 데에는 그런 불안에서 벗어나려는 이유도 있을 테다. 외부에서 오는 기회에 의존하지 않고 스스로 만들어 나가는 기회의 단단함과 안정감을 누리고자 하는 것이다.

그런데 '외부'에만 의존하며 살아가는 작가가 여전히 많다. 생활비가 떨어지면 어딘가에서 슬슬 강연 요청이라도 들어오길 간절히 기다린다. 아니면 책을 내고 나서 어느 인플루언서가 언급이라도 해 주기를, 온라인 서점에서 '오늘의 책'으로 선택해 주기를, 신문사에서 서평이라도 실어 주기를 간절히 기도하며 기다린다. 그러나 나는 독립하여 일하는 사람은 조금 달라야 한다고 생각한다.

애초에 직장에서 독립한 이유는 '자유'를 누리기 위해서다. 그런데 밖에서 오는 기회에만 의존한다면 오히려 덜 자유롭고 더 외부에 휘둘리는 삶이 된다. 그렇기에 무엇이든 자기 힘으로 하루하루를 채워 나갈 수 있는 일이 필요하다. 6개월간 외부 연락이 없을지라도, 그 시간을 의미 있게 채우며 생활비도 충당할 방법과 힘과 의지가 있어야 한다.

예를 들어 작가라면 프리미엄 구독 서비스를 만들어 독자들로부터 직접 구독료를 받는 방법을 생각해 볼 수 있다. 혹은 외부에서 요청이 없어도 SNS를 통해 직접 글쓰기 모임이나 독서 모임을 꾸려 볼 수도 있다. 그러나 대부분은 자기가 모집해 봐야 신청하는 사람이 별로 없을 거라는 두려움 때문에 그런 일을 시도조차 못 한다. 신청하는 사람이 없는 상황에서 느낄 부끄러움을 미리 상상하고 견디지 못하는 것이다. 상상력이 뛰어난 사람일수록 미래 예측에서 오는 창피함과 두려움도 크다는 점은 꽤나 큰 비극이다.

연예인처럼 유튜브를 만들거나, 온라인 강의 플랫폼에 스스로 강의를 찍어 업로드하는 것도 하나의 방법이다. 당장 큰 수익은 되지 않더라도 나중에 어떤 나비효과를 일으킬지 모를 일이다. 최근에는 스스로 전자책을 펴낼 수 있는 플랫폼도 많이 생겼으니 틈새 시간에 그런 시도를 해 보는 것도 나쁘지 않다. 『오마이뉴스』

같은 뉴스 플랫폼에 기사를 써서 업로드하며 소소하게 용돈도 벌고 나의 이야기를 알리는 것도 의미 있는 일이다.

지역 시민기자로 시작하여 여러 권의 책을 쓰고, 각종 공모전, 인터뷰 등을 하며 20년 이상 글쓰기로 먹고 산 김소라 작가는 다음과 같은 이야기를 한다. "돌아보면 나는 일을 제안받기 위해 노력하기보다는 어떻게 하면 상대에게 필요한 것을 채워 줄까 고민했던 것 같다."● 그는 50곳이 넘는 출판사에 투고해서 거절당하고, 각종 매체와 공모전과 지원 사업에 원고와 기획서를 숱하게 보냈으며 자발적인 기사와 인터뷰 등도 끊임없이 쓰면서 '글쓰기로 먹고사는' 여정을 걸어왔다. 여기서 핵심은 '앉아서' 기다리는 게 아니라 내가 타인에게 무엇을 줄 수 있는지부터 고민하고 행동하는 것이다.

직장 생활의 좋은 점은 그날 딱히 할 일이 없더라도 출근만 하면 월급이 나온다는 점이다. 물론 날마다 할 일이 넘쳐나는 직장에서는 상상하기 어려울 수 있지만, 많은 직장에는 바쁜 시즌과 한가한 시즌이 있다. 딱히 주체적으로 일을 찾지 않더라도, 위에서 시키는 일만 적당히 해도 버틸 만한 직장도 적지 않다. 그러나 **독립한 사람은 '매일매일' 스스로 할 일을 찾아야 한다**. 할 일이 없

● 김소라, 『글쓰기로 먹고살 수 있나요』(더블엔, 2025)

으면 할 일을 만들어야 한다.

"나는 매일 주체적으로 살고 싶어서 독립한 게 아니야!"라고 말하는 사람이 있다면, 나로서는 고개를 갸웃할 수밖에 없다. "더 나태하고 싶어서, 더 게으르고 싶어서, 이제 일에 시달리고 싶지 않아서 독립한 거란 말이야!"라는 말을 들어도 좀 난감해진다. 독립하여 산다는 건 더 주체적이 되고 더 열심히 일해야 한다는 뜻이다. 그만큼 자유롭게 하고 싶은 일들을 할 수 있고 시간 조율을 할 수 있다는 점이 다를 뿐, 나태하게 살겠다는 뜻이 될 수는 없다.

나는 세상 모든 프리랜서와 자영업자에게 글쓰기를 적극 권한다. 꼭 내가 글쓰기 강의를 하는 사람이어서는 아니다. 글쓰기의 좋은 점은 우리 삶의 모든 경험을 가장 쉽게 콘텐츠로 만들 수 있다는 것이다. 육아도, 여행도, 요리도, 운동도, 산책도, 과거의 상처도, 관계와 연애도, 내 지난 인생의 일과 커리어도 모두 글에 담아낼 수 있다. 그런 점에서 '할 일'이 딱히 없지만 매일 무언가를 해야만 하는 상황일 때, 글쓰기만큼 좋은 게 없다고 생각한다. 모든 걸 쓰고, 그렇게 써낸 것이 누군가에게 닿고, 그것이 내 삶의 기반이 되기도 하는 선순환은 분명 한번 해 볼 만한 일이다.

어느덧 20년 이상 글을 써 왔기에 나에게 글쓰기는 워낙 익숙한 일이다. 그런데 이제는 꼭 글쓰기에 능숙하지 않아도 되는 시대가 됐다. AI 덕분이다. 가령 내가 오늘 했던 의미 있는 경험을 구술하고 한 편의 글로 정리해 달라고 하면, AI는 충분히 능숙하게 정리해 낸다. 다만 글을 보는 기본적인 안목이 없다면 AI가 잘 썼는지 아닌지 판단할 수가 없으니, 글쓰기에 대한 관심과 이해는 반드시 갖춰야 한다.

요즘은 그 모든 걸 굳이 '글'로 쓰지 않고 '말'로 하기도 좋은 시대다. 간단한 쇼츠나 릴스를 찍으면서 자신의 이야기를 전하고 콘텐츠로 만드는 사람이 적지 않다. 독립한 사람은 할 일이 없을 때 그런 일이라도 해야 한다. 또 막상 하다 보면 의외로 의미가 생기고 재미가 붙기도 한다. 뭐가 됐든 주체적으로 할 일을 찾아야 한다. 그것이 독립한 사람의 기본 의무다.

무엇이든 할 것, 단 연결될 것

독립의 날을 꿈꾸며 직장을 그만두면, 한동안은 자유의 기쁨과 설렘이 가득할지도 모른다. 그러나 얼마 지나지 않아 거의 모든 '독립 인간'이 같은 운명을 맞는다. 갑자기 오늘 뭘 해야 할지 모르겠고, 내가 잘 선택한 것인지 불안하고, 어쩐지 미래가 보이지 않는 듯한 막막함을 마주한다. 나 역시 수도 없이 겪어 봤다. 그런데 그런 상황을 타개하는 방법은 하나뿐임을 깨달았다. 뭐든 하는 것이다.

정말로 뭐든 하다 보면 상태가 나아진다. 산책을 하든 수영을 하든 글을 쓰든, 자신을 나아가게 하는 습관 하나쯤이 꼭 필요한 건 그런 이유다. 그런데 그 '무엇이든 한다'라는 것이 단순히 내 마음을 위로하고 버티게 하는 수준을 넘어서려면, 조건이 하나 있다. 무엇이 되었든 거기에서 타인과의 '연결'을 찾아야 한다는 점이다.

무엇을 하든 좋다. 독서가 취미라면 독서를 하며 마음의 안정을 찾는 시간이 필요하다. 조직 밖으로 나왔다면 나 자신을 '안정화'시킬 수 있는 방법을 반드시 알아야 한다. 그리고 기왕이면 그 방법이 타인과 '연결'되는 방향이면 더욱 좋다. 독서를 하고 나서 SNS에 간단한 리뷰라도 올린다든지, 독서 모임을 한다든지, 같은 책을 좋아하는 사람을 찾아본다든지, 어떤 식으로든 '연결'을 염두에 둘수록 독립한 삶에는 도움이 된다.

너무 속물적인 예일 수 있지만, 종교 생활이나 육아 같은 일도 마찬가지다. 아이를 너무 사랑하여 육아에 전념할 수도 있겠지만, 기왕이면 동네 다른 부모들과 커뮤니티를 이루고, 내가 하는 일도 소개하며 연결 가능성을 찾는 게 독립한 사람에게는 도움이 되는 면이 있다. 종교 생활을 하더라도 혼자 집에서 기도만 하는 것보다는 공동체에서 연을 맺으며 내가 하는 일을 소개하는 게 더 낫다.

물론 이건 어디까지나 독립한 사람의 '일'적인 측면에서 하는 말이다. 혼자 있는 시간을 너무 사랑해서 공동체와 연을 맺는 게 너무 괴롭고 에너지를 크게 빼앗긴다면 당연히 그럴 필요까지는 없다. 그러나 그런 극도의 내향인이라도, 독서를 하거나 콘텐츠를 감상하고 나면 최소한 그 리뷰라도 자기만의 온라인 공간에 남기는 게 일적으로 더 바람직한 건 사실이다. 예전에 나는 '변호사가 본 드라마 『이상한 변호사 우영우』'라는 리뷰를 블로그에 올린 적이 있다. 그랬더니 '변호사의 시선'이 궁금하고 재밌다며 여러 매체에서 인터뷰를 요청해 왔다. 그런 소소한 연결들이 나비효과를 일으켜 내 삶에 도움이 되었다.

하다못해 집에서 고양이와 보내는 시간을 사랑하더라도, 고양이 사진을 찍어 올리면서 '디자이너의 고양이 앨범' 같은 채널을 만들면 어떤 쓸모가 생길 수 있다.

고양이를 사랑하는 사람 가운데 기업의 사보 담당자가 있어서, 내게 고양이 특집 일러스트를 맡길 수도 있기 때문이다. 나는 이런 작은 우연 하나도 소중하게 생각하는 것이 독립한 사람이 가져야 할 태도라고 생각한다.

할 일은 언제나 있다. 전국의 각 기관에서 모집하는 각종 '위원들' 공고를 모아 둔 '위원해'(wewanto.com)라는 사이트가 있다. 무얼 해야 할지 모르겠다면 거기서 내 전문 분야와 맞는 위원에 지원해 볼 수 있다. 아니면 공모전 사이트(ilovecontest.com 등)를 통해 각종 공모전에 도전해 보는 것도 좋은 방법이다. 나는 작가로만 살 때도 에세이 공모전 등에 작품을 보내 소소하게 생활비를 벌어 본 적이 있다. 작가로서 꽤 막막했던 시절, 한 문학잡지의 공모전에 당선되어 연을 맺고 이후 1년간 연재 청탁을 받기도 했다.

최근에는 프리랜서 플랫폼도 매우 잘되어 있다. 크몽(kmong.com)이나 탈잉(taling.me) 등을 통해 내가 가진 능력을 어떻게 활용할 수 있는지 고민해 보는 것도 괜찮다. 독립 초기 단계에서는 가능한 모든 플랫폼을 활용해 할 일을 찾아 봐야 한다. 의외로 변호사 사무실을 개업했다가 자기소개서 첨삭하는 입시논술 강사가 되는 경우도 있고, 디자이너로 살려고 독립했다가 요가 강사를 하며 더 큰 수입을 얻는 경우도 있다. 그러므로 무엇을 하든 연결을 지향하다 보면, 연결이 삶을 이끌고 가는 순간이 온다.

"그런 게 돈이 되긴 하나요" "고양이 사진 찍어 올리는 게 무슨 의미인가요" "위원 수당으로 교통비나 나오나요"라고 말할 수도 있다. 그러나 그런 것들도 '돈'이 될 수 있다. 물론 그것이 눈앞의 이익으로, 시간당 보수처럼 주어지는 건 아닐 수 있다. 그러나 독립한 사람은 멀리 볼 줄 알아야 한다. 현실적으로 독립한 사람의 '먹고 살기'에서는 '연결'만큼 유익한 게 없기 때문이다.

직장인은 자기가 일하는 시간당 보수를 바라보며 출근하고 퇴근 시간까지 한 시간 더 버틸 수 있다. 하지만 독립한 사람은 더 넓고 긴 안목으로 이어지는 인연의 망을 볼 줄 알아야 하고, 그 망이 얽히고설켜 다시 내게 돌아올 때까지 기다릴 줄 알아야 한다. 『장자』의 「소요유」에 나오는 붕에 관한 유명한 일화를 상기해 보자.

붕이 떨치고 날아 오르면 그 날개는 하늘에 드리운 구름과도 같았다. 이 새는 태풍이 바다 위에 불면 비로소 남극의 바다로 옮아갈 수 있게 된다. (……) 붕이 바다로 옮아 갈 적에는 물을 쳐서 삼천 리나 튀게 하고, 빙

빙 돌며 회오리바람을 타고 구만 리나 올라가며, 육 개월을 날아서야 쉬게 된다.●

'붕'이라는 새는 날개 길이가 어마어마하여 '태풍'이 올 때까지 기다려서야 날 수 있고, 한번 날면 6개월을 날아간다. 붕이 엎드려 태풍을 기다리는 것을 보며, 매미나 참새는 조롱하며 비웃는다.

우리는 펄쩍 날아 느릅나무 가지에 올라가 머문다. 때로는 거기에도 이르지 못하고 땅에 떨어지는 수도 있다. 무엇 때문에 구만 리나 높이 올라 남극까지 가는가?●●

독립하여 일하는 사람은 때로 '태풍' 같은 인연과 기회가 올 때까지 엎드려 오랜 시간을 기다려야 한다. 시간당 얼마를 버는 사람 입장에는 반백수나 빛 좋은 개살구처럼 보일 수도 있다. 그러나 끊임없이 인연의 연결망을 잇고 또 잇다 보면, 언젠가 그로부터 무언가가 온다. 그러면 6개월은 바쁠 것이다.

● 『장자』(김학주 옮김, 연암서가, 2010)
●● 같은 책

{ 11 }
내가 하는 일들을 잇는 방법

끊임없이 유연해지기

회사에 다니다 보면, '이건 내 직무가 아닌데' 싶은 일이 어느 날 갑자기 떨어질 때가 있다. 어쨌든 월급을 받는 입장이다 보니 "이런 건 입사할 때 하라고 한 적 없었잖아요" "이런 일은 해 본 적 없어요"라는 말은 입 밖에 낼 수 없는 노릇이다. 나도 변호사로 직장을 몇 군데 다니며 별의별 일을 다해 보았다. 로스쿨에서 배우지도 않은 특수한 법에 관련된 일을 수시로 떠맡는 건 예삿일이었고, 입법안에 대한 홍보용 웹툰 스토리를 쓰는 일에 유튜브 채널 기획 및 진행까지 해 보았다.

그런데 독립하여 사는 입장이 되면, '원래 내 일이 아니다'라는 고정관념에 갇혀 있는 게 더욱 곤란해진다. 오히려 무슨 일이든 '일단 해 보자'라는 마음가짐이 자연스러워져야 한다. '남들 다 하는데 내가 왜 못해. 죽이 되든 밥이 되든 해 보는 거지'라는 태도로 임하다 보면, 의외로 내가 잘할 수 있는 일이 보인다. '할 수 없는 일'을 규정해 두고 울타리를 치는 게 아니라, 일단 내 능력과 직간접적으로 연관이 되면 뭐든 해 보는 유연성이 필요하다.

나는 생활고를 호소하는 작가들에게 'SNS로 사람들을 모아서 글쓰기 수업을 해 보면 어떻겠냐'는 조언을 종종 한다. 그러면 의외로 많은 사람이 '글쓰기는 한 번도 가르쳐 본 적이 없어서 자신이 없다'는 식으로 대답한다. 책을 몇 권 쓰긴 했지만 글쓰기를 누구에게 가르쳐 본 적도, 수업을 해 본 적도 없어서 그런 쪽으로는 시도를 못 하겠다는 거다. SNS로 수강생을 모았는데 막상 그 사람들이 불만족스러워하며 악담이라도 퍼뜨리면 어쩌나, 돈 아깝다고 말하고 다니면 어쩌나 걱정하기도 한다.

처음엔 나도 그런 걱정을 했다. 하지만 긴장한 만큼 최선을 다해 수업을 준비하는 과정을 몇 번 거치다 보니, 어느덧 글쓰기 수업은 나에게 매우 익숙한 일이 되었다. 처음에는 글에 대해 무슨 얘기를 해야 할지도 모르겠고, 사람들에게 의미 있는 이야기를 전할 수나 있을지 걱정스러웠다. 그래서 글 한 편을 대여섯 번씩 읽으며 수업에서 할 이야기를 끊임없이 고민했고, 관련된 책도 열심히 찾아 읽었다.

내 삶에서 글쓰기 수업이 가장 중요해진 건 코로나 팬데믹 시절이었다. 오프라인 강의들이 썰물처럼 사라져 작가들의 고민이 깊어 갈 때였다. 그때 나는 수험 생활을 막 끝내고 변호사 시험에는 아직 합격하기 전이었다. 몇 달간 직장은 없지만 당장 수입이 있어야 할 때였는데, 페이스북에서 알게 된 김정주 작가가 온라인으로 부지런히 모임원을 모아 줌으로 글쓰기 모임을 하던 게 생각났다. 목사이자 작가인 그는 '쓰고뱉다'라는 글쓰기 교습소를 운영한다. 나는 그에게 전화해서 혹시 줌으로 글쓰기 모임 하는 법을 알려 줄 수 있느냐고 물었다. 그는 하나부터 열까지 친절하게 알려 주었다.

그 뒤로는 뭐든 온라인으로 하는 게 무척 자연스러워졌다. 독서 모임을 열기도 하고, 일회성 북토크를 스스로 열기도 했다. 콘텐츠 분야의 저명한 패널인 김성신 출판평론가, 뉴스레터 『썸원』의 윤성원 대표 등을 모아

다회차 커리큘럼을 짜서 온라인 세미나도 열어 보았다. 그 모든 게 '코로나 백수' 시절에 시작한 온라인 글쓰기 모임에서 비롯된 것이었다. 강의 자리를 잃은 작가들에겐 몹시 힘겨운 시절이었지만, 나에겐 전화위복의 시기가 된 셈이다.

핵심은 '유연함'에 있었다고 생각한다. 유연하게 생각하며 내가 할 수 있는 일을 필사적으로 찾다 보면 먹고살 길이 열린다. 독립한 사람이라면 유연하게 사고하고 끊임없이 기획해야 한다. 상황에 따라 자신이 할 일을 창조할 수 있어야 한다. 목석같이 그 자리에 머물러만 있는 것은 독립에 어울리지 않는다. 세상이라는 바다를 헤엄치는 산갈치처럼 유연하게 할 일을 찾아내야 한다.

최소한 일석이조를 도모할 것

나 같은 경우는 '글쓰기'로 먹고살겠다는 뚜렷한 지향이 있었기에 고민되는 지점이 있었다. '책 인세'만으로는 먹고살기 어렵다는 점이었다. 물론 '책 인세'만으로 먹고사는 작가도 있긴 하겠지만, 나에겐 불가능한 일이라고 전제를 해 두었다. 보통 책의 인세는 정가의 10퍼센트다. 15,000원 짜리 책을 1권 팔면 1,500원을 받는 것이다. 1년에 1만 부는 팔려야 연봉 1,500만 원쯤 되는 셈이다. 따라서 책이 해마다 몇만 부씩 팔린다면 연봉 몇천만 원 수준의 생활이 가능할 수도 있다. 그러나 애초에 나는 스스로를 그런 '대박 작가' 축에 든다고 상정하지 않았다.

대중의 입맛에 맞는 상업적인 책을 쓰고자 최선을 다한다면, 그런 목표를 달성하기도 불가능하지는 않을지도 모른다. 그러나 그래서는 애초에 독립하여 글을 쓸 이유가 없다. 굳이 독립까지 해서 글로 먹고살겠다면, 적어도 글쓰기에서만큼은 '내가 쓰고 싶은 글'을 고집스레 써야 한다고 생각했다. 돈이야 강의도 하고 수업도 하고 법적 자문 같은 일도 겸하며 어떻게든 벌고, 글쓰기만큼은 내가 진실로 쓰고 싶은 것을 쓰겠다는 내면의 고집 같은 게 있었다. 아마도 글쓰기로 나를 정의하고, 내가 쓴 글로 내 정체성을 형성해 왔기 때문일 것이다.

그런 입장에서, 글 써서 먹고살 가능성을 조금이라도 높이려면 어떻게 해야 할까? 내가 생각한 핵심은 글 하나를 여러 번 활용하는 것이다. 대표적으로, 신문에 칼럼을 쓰고 나면 그에 그치지 않고 책으로 펴낸다. 칼럼으로 원고료를 받고 책을 내면서 다시 인세를 받을 수 있기 때문이다. 그렇게 접근하면 적어도 '글 쓰는 일'에서는 내 노동의 시간당 단가가 올라간다.

독서 모임을 글쓰기로 이어 갈 수도 있다. 시작은 그냥 내가 읽고 싶은 책을 다른 사람들과 함께 읽고 이야기 나누는 것이었다. 그런데 독서 모임에서 다룬 책 이야기를 글로 쓰고 또 책으로 내면 좋겠다는 생각이 들었다. 그러면 독서 모임을 하면서 한 번 의미를 얻고, 이를 SNS나 칼럼으로 써서 한 번 더 의미를 얻고, 그렇게 쓴 글을 모아 책을 내면 다시 한 번 의미를 얻는다. 또 그 책을 주제 삼아 강의를 할 수 있으니 네 번의 의미를 얻게 된다. 여기에서 '의미'를 시장경제의 '이익'이라는 단어로 바꿔도 얼추 맞아떨어진다.

이는 '글로 먹고살겠다'는 필사의 몸부림이라고 볼 수 있다. 사실 세상은 글만 써서 먹고살 수 있을 만큼 녹록지 않다. 그렇지만 이렇게 일을 '겹칠' 줄 알게 되니 글 써서 먹고사는 일도 할 만해졌다. 내 모든 경험을 일회성에 그치도록 놔두지 않고 적어도 글로 써서 두 번, 세 번 이상 활용할 줄 알게 되자, 시간은 점점 내 것이 되기 시작했다.

육아만 하더라도 그 자체로 무척 의미 있고 행복한 일이지만, 육아에 대한 '글'을 쓸 수 있다면 또 다른 층위가 생긴다. 육아 시절을 한 번 보내고, 그 경험을 글로 쓰면서 사람들로부터 공감을 얻고, 그 글을 다시 책으로 묶어 내고, 강연이나 북토크까지 할 수 있게 되면, '육아와 일'이 굳이 분리되지 않는 지점이 생겨난다. 실제로 내가 쓴 책 『그럼에도 육아』 북토크를 하면, 많은 사람이 어떻게 가족과 그렇게 많은 시간을 보내면서 글도 쓰고, 변호사 일도 하고, 강의에 방송까지 하느냐고 묻곤 한다. 내게는 그것들이 다 '따로'가 아니라서 그렇다. 페스추리처럼 겹겹이 쌓고 이어 낸 경험들이어서 가능한 일이다.

변호사 일도 그렇다. 사건마다 꽤 많은 법리가 동원되기도 하고, 법률 서면을 몇십에서 몇백 페이지씩 쓸 일도 생긴다. 그런데 그렇게 고생하며 법리 공부하고 판례 찾고 써낸 서면이 그냥 '1회성 제출'로 끝난다면 너무 허무하다. 나라면, 그렇게 찾고 써낸 법리에 대한 이야기를 블로그에 올려 두고, 훗날 칼럼으로 활용하거나 책으로 쓸 원고의 기반으로 삼을 것이다. 실제로 여동생과 함께 쓴 책 『이제는 알아야 할 저작권법』은 자문을 위해 저작권법을 공부하는 과정에서 쓴 책이다.

이처럼 '일석이조'의 원리에서 출발해 내가 경험한 것, 나의 하루, 내가 한 일 등을 최소한 두 번 이상 활용할 방법을 고민할 필요가 있다. 요즘에는 자신이 하는 일을 유튜브에서 이야기하며 콘텐츠로 만드는 경우도 무척 흔해졌다. 오늘 영화를 봤다면, 그 경험을 어떻게 리뷰로 만들어서 단기적으로 또 장기적으로 활용할지 고민해 보자. 나라면 일단 거친 날것의 감상을 SNS에 올리고, 조금 더 정교하게 다시 써서 칼럼으로 기고하고, 팟캐스트나 유튜브에서도 이야기하고, 이후에 책으로 출간할 것이다. 필요한 재료는 내 삶에 있다. 그런 '활용'에 익숙해지면, 독립해서 먹고사는 일도 충분히 가능해진다.

장기적으로 시간의 주인 되기

독립하고 처음 몇 년간은 온갖 일을 시도해 보며 허덕여야 할지도 모른다. 그러나 그 속에서도 잊지 말아야 할 것은 '장기적으로 시간의 주인이 되는 것'이다. 즉 오늘 먹고사는 일에만 몰두하지 말고, 장기적인 목표와 계획을 세워 점차 시간의 주인이 되는 삶을 추구해야 한다.

일에는 보통 '단발성' 일이 있고, 장기적으로 '쌓아가는' 일이 있다. 단발성 일을 많이 하면서 단가를 높여 가는 것도 좋은 방법이겠지만, 나는 장기적으로 무언가를 '쌓아 가는' 일의 중요성을 훨씬 강하게 느낀다. 그래서 한 번으로 그치는 일보다는 어떤 식으로든 이어지고 쌓이는 일에 더 많은 시간을 투여하려고 의식적으로 애쓴다.

거기에는 앞에서 말한 것처럼 '사람 간의 연결'도 포함된다. 내가 쓴 책 제목 『사람을 남기는 사람』처럼, 사람을 남기며 나아가는 게 내 삶의 목표이기도 하다. 사람을 남기는 일 못지않게 중요한 것이 내게는 '책'을 쌓는 일이다. 책은 우리 시대의 다른 어떤 매체와 비교해도 휘발성이 적고 오랫동안 그 자리에 남아 있다. 나는 아직도 10여 년 전에 출간한 『분노사회』나 『사람은 왜 서로 도울까』 같은 책을 주제로 한 강연 요청을 받는다. 책을 남겨 두었기 때문이다.

나의 독립된 삶을 가장 강렬하게 떠받치고 있는 건 '쌓인 책'으로 얽힌 여러 관계라고 볼 수 있다. SNS 등의 역할도 무시할 수 없지만, 그 관계의 본질은 '책'이라는 나의 핵심 콘텐츠다. 책을 한 권 써서 세상에 낼 때마다 책 주위에는 일종의 중력장이 생긴다. 가령 앞에서도 예를 든 『AI, 글쓰기, 저작권』이라는 책을 내면, 'AI'와 '저작권' 같은 분야의 사람들이 나라는 저작권 분야 변호사의 존재를 인식하며 그 책의 중력장 속에 들어온다. 그렇게 해마다 만들어 낸 중력장이 겹치고 쌓이다 보면 세상의 여러 기회가 그에 이끌려 온다.

그래서 나는 책을 쓸 때, 하루하루 써 나간 글을 모은 에세이집을 출간하기도 하지만, 내가 중력장을 형성하고 싶은 분야에 대한 기획을 하기도 한다. 예컨대 '사랑 인문학'이라는 주제에 관심이 있고 강의도 하고 싶다면, 『사랑이 묻고 인문학이 답하다』 같은 책을 기획하여 몇 년간 원고를 한 편씩 쌓는다. 그럴 때도 원고를 '그냥' 쌓기보다는 뉴스레터에 연재하는 식으로 그 과정을 주변에 알리는 편이다. 그러면 '사랑 인문학'에 관심 있는 이들이 몇 년간 차근차근 모이게 되고, 책 출간 이후에는 더 강한 중력장으로 사람들을 묶어준다.

그렇게 내가 쌓아 낸 책들은 그 '자력'이 다할 때까지 그 자리에서 계속 자력을 뿜어 낸다. 그건 시간당 보수를 받고 하는 노동과는 다른 개념이다. 책이 스스로 일을 하는 동안 나는 또 다음 일을 기획할 수 있다. 책이 끌어온 일들 중에서도 내가 할 일을 선별하면서 내 시간을 최대한 자발적으로 만들어 나갈 수 있다.

얼마 전에는 만들어만 놓고 시간이 없어 방치해 둔 유튜브에 들어가 보았다. 그런데 어느새 수만 회쯤 쌓인 조회수가 눈에 들어왔다. 모든 영상이 그런 건 아니었지만 공들여 만든 양질의 영상, 특히 '글쓰기 팁'을 알려 주는 영상의 조회수가 높았다. 아마 지난 1년간 내가 했던 글쓰기 강의 가운데는 그 영상을 본 사서가 제의한 강의도 하나쯤은 있었을 것이다. 그것 역시 장기적인 시간을 염두에 두며 '쌓아 놓은' 자석이라고 볼 수 있다. 독립한 사람은 세상 여기저기에 나의 자석들을 어떻게 쌓아 놓을 것인지 고민할 필요가 있다. 그 과정에서 시간의 자유도 조금씩 쌓여 간다.

상한이 없는 보상구조를 하나쯤은 선호하라

세계적인 사상가이자 전문 투자자 나심 니콜라스 탈레브는 『안티프래질』에서 세계 경제와 우리 삶에 어떤 위기가 올지 알 수 없다는 점을 강조한다. 금융위기 같은 각종 경제 위기가 앞으로 닥치지 않는다는 보장이 없으니, 내가 종사하는 업계가 망하거나 직장에서 잘릴 리스크를 항상 염두에 두라고 한다. 그러면서 여러 가지 생존법을 제시하는데, 그중 하나가 '상한이 없는 보상'이다.

시간당 보수를 받는 노동은 가장 기본적이고 안정적인 형태로 보이지만, 꼭 그렇지는 않다. 시간을 길아 넣는 만큼 기회비용이 발생하고, 시간당 보수의 현금 가치도 실시간으로 떨어져 나갈 수 있다. 인플레이션과 통화량 증가에 따라 우리가 가진 현금 가치, 노동 가치도 자꾸만 줄어든다. 그런 상황에서 살아남는 한 가지 방법이 '상한 없는 보상구조'를 마련하는 일이다.

대표적인 예가 책이나 음반이다. 책을 출간하면 그로부터 얻는 인세 수입에는 상한이 없다. 보통의 일은 내가 일한 만큼 보수를 받고 끝이지만, 책은 팔릴수록 보상이 계속 는다. 내가 투입한 노동량은 그대로인데도 보상은 매일, 매달, 매년, 끝없이 늘어날 수 있다.

물론 현실적으로 그렇다는 게 아니라 이론적으로 그렇다는 것이다. 실제로 상한이 없는 보상이 있는 일들은 대부분 하한도 없다. 200시간을 들여 책을 썼지만 최저 임금도 벌지 못하는 경우가 비일비재하다. 하지만 독립한 사람이라면, 그럼에도 상한 없는 보상에 대한 생각을 적어도 마음 한 구석에는 두고 있을 필요가 있다.

평생 일하면서 투입한 노동 시간만큼 정당한 보수를 받을 수 있다면 다행이겠지만, 그렇지 못할 가능성도 고려해야 한다. 가장 기본적인 형태의 대비가 '연금 가입'이다. 작은 오피스텔을 마련해 월세라도 받으려는 사람도 많다. 훗날 건강이든 능력이든, 어떤 이유로든 '시간 노동'을 할 수 없거나 그 가치가 현저히 줄어들 리스크에 대비하는 것이다.

'상한 없는 보상구조'를 마련해 두는 것도 그런 대비의 일종이라고 보면 된다. 요즘 같은 시대에 책을 내서는 사실 '하한'이라도 충족되면 다행이긴 하다. 그래서 무턱대고 책을 내기보다는 온라인 강의나 유튜브 영상을 찍어 올리는 경우가 더 많다. 바야흐로 영상의 시대인 만큼, 한 번 올려 둔 영상이 만들어 내는 '상한 없는 보상구조'가 연금처럼 작동할 가능성도 충분히 있다.

여력이 된다면 '상한 없는 보상구조'를 하나쯤은 추구해 보는 것도 나쁘지 않은 선택이다. 물론 요즘에는 '상한이 없다'는 점에 주목하여 너도나도 대박을 기원하며 이런 시장에 뛰어든다. '온라인 강의만 찍으면 잠자면서도 떼돈 버는 자동수익이 실현된다'고 홍보하는 사람들마저 있다. 그리로 뛰어들어 한 방의 대박을 노려볼 수도 있겠지만, 나는 거기에 목숨 거는 건 또 다른 주객전도이자 리스크라 생각한다. 독립한 사람에게는 막연한 대박을 꿈꾸기보다는 매일을 살아갈 수 있는 관계망과 전문성을 구축해 '지속 가능한 삶의 구조'를 만드는 게 훨씬 중요하다.

그럼에도 이 시대를 살아가는 이상 '무한성'에 대한 감각은 가져야 한다. 온라인과 알고리즘 발달로 내가 올린 글 한 편은 실제로 무한히 공유되며 연결될 '가능성'이 생겼다. 보상도 '무한히 창출될' 가능성이 있는 영역이 있다. 이 가능성으로부터 완전히 차단되어 살 필요는 없다. 적어도 그런 가능성에 한편으로는 문을 열어 두어야 한다. 내가 안정적이라 믿는 모든 것이 하루 아침에 나락으로 떨어지고 파괴될 수도 있다. 그럴 땐, 저 무한한 땅에 접속된 한 가닥 '끈'이 나를 구출해 낼지도 모를 일이다.

그러므로 '상한이 없는 연결구조'에 발 하나쯤은 담가 둘 필요가 있다. 다시 처음으로 돌아가 보자. 독립한 사람은 연결로 먹고산다. 그런데 이 연결의 본질은 사실 '무한성'이다. 오프라인에서의 입소문이든 SNS 알고리즘의 히트든, 그 본질은 우리의 이야기가 '무한히' 전달되는 구조를 지닌다. 이 구조를 잊어선 안 된다. 우리는 무한히 연결될 가능성에 항상 노출되어 있고, 그 연결이 우리를 먹여 살릴 것이다.

디즈니 영화 『모아나2』에서 섬에 사는 주인공 모아나는 관계가 끊겨 버린 섬들을 다시 연결하려고 모험을 떠난다. 모아나의 대사를 기억하자. "저기 너머에 사람들이 있어요. 우리 모두를 다시 연결하는 게 제 일이에요."

{ 12 }
인지도가 아니라 신뢰자본을 쌓을 것

인지도에 목숨 거는 시대

인지도에 목숨 거는 시대가 되었다. 독립을 위해 가장 중요한 것은 인지도, 독립을 하려면 인플루언서라도 되어야 한다고 믿는 사람이 부지기수다. 유튜브 구독자 수가 1만 명쯤 되면 독립을 생각하고, 10만 명쯤 되면 독립을 안 하는 게 이상한 거라 믿기도 한다. 많은 사람이 믿는 데에는 그만한 이유가 있기 마련이다. 인지도는 분명 독립된 삶을 일구는 데 중요한 기반이다.

그러나 나는 인지도보다 중요한 게 있다고 본다. 앞에서는 자기만의 '관계망'과 '고유 영역'(전문성)을 이야기했는데, 또 다른 차원도 있다. 바로 '신뢰자본'을 쌓는 것이다. 두텁게 쌓아 올린 신뢰자본이 있으면, 먹고사는 데 인지도가 엄청나게 필요하진 않다. 반대로 인지도가 높아도 '빛 좋은 개살구'인 경우가 적지 않다. 도리어 인지도만 높은 경우에는 오히려 독으로 작용하여 실수 몇 번으로 '나락'으로 떨어질 가능성도 높아진 시대다. 인지도의 위험성을 아는 사람들은 "충분히 먹고살 수만 있다면 대중적인 인지도 같은 건 없으면 좋겠다"고 말하기도 한다.

최근에는 변호사 같은 전문직도 경쟁이 치열해져 자신을 알리려고 너도나도 엄청나게 노력한다. 조금 과장하면 개업한 변호사 가운데 '유튜브 안하는 변호사 없다'고 해도 될 정도로 변호사 유튜버가 많다. 역시 살짝 과장해서 말하면 개업 변호사 절반은 '인스타툰'을 그리고 있다. 특히 AI의 발달로 블로그·카드뉴스·인스타툰을 양산하기 좋아졌고, 이제 이런 '양산형 홍보 콘텐츠'를 만들지 않는 사람이 없을 정도다.

그러나 그런 양산형 홍보로 가성비 좋은 효과를 누리는 사람이 얼마나 될지는 의문이다. 막상 주위의 경험담을 들어보면 돈 낭비, 시간 낭비만 했다는 경우가 적지 않다. 자기 PR·SNS 마케팅·인지도 확장 등의 중요성을 모르는 사람은 없지만, 진정성 있게 신뢰를 쌓아 가는 일의 중요성은 많은 사람이 간과한다.

스팸 같은 온갖 홍보물이 넘쳐나는 시대에, 오히려 '믿을 수 있는' 누군가를 찾기란 더 어려워졌다. 이 사람이 돈 벌려고 '저작권 전문가'라고 홍보하고 다니는 것인지, 진짜 저작권 전문가인지 알 수가 없다. 실제로 각종 포털에 '저작권 전문 변호사'라고 치면, 온갖 키워드 광고부터 업체에 맡긴 게 분명해 보이는 블로그와 각종 SNS 피드가 떼거리로 노출된다. 저작권 전문 변호사가 언제 이렇게 많았는지 다 들여다볼 수도 없을 정도이고, 누가 진짜 전문가인지 가려낼 방법도 없다.

결국 남들이 다 헤엄치고 있는 바다에 뛰어들어 그 속에서 더 많은 홍보비를 써 가며 돋보이려 애쓰는 것보다는, 자기만의 신뢰자본을 성실하게 쌓아 갈 필요가 있다. 나는 그 신뢰자본 중 하나가 '책'이라고 생각한다.

책이라는 신뢰자본

특정 분야의 책을 모아 소개하면 전문가 이미지를 강화할 수 있다. 가령 시평을 통해 다양한 역사책을 소개하면 역사 전문가나 대중성을 갖춘 역사학자로서의 면모를 효과적으로 알릴 수 있다. 다양한 분야의 책을 읽고 서평으로 소개하면서 자신의 특별한 정체성을 일관되게 드러내는 것으로도 전문가로서의 사회적 위상을 만들 수 있다.●

출판평론가 김성신이 설명하는 서평의 효과다. 책에는 오랜 세월 동안 수많은 지식인, 출판인, 작가, 학자, 교양 독자 등이 쌓아 온 '신뢰자본'이 담겨 있다. 사람들은 이 신뢰자본을 획득한 것처럼 보이는 사람을 일종의 '전문가'로 여기며 그로부터 다양한 이야기를 듣고 싶어 한다. 책을 많이 읽은 사람이 그렇지 않은 사람보다 더 깊이 있는 지식이나 지혜를 갖고 있다는 믿음은, 변함없이 지속되는 사회적 믿음이다.

특히나 요즘처럼 모두가 스마트폰에 빠져서 영상 알고리즘을 쫓아다니기 바쁜 시대에는, 책을 '점유'한 사회적 위치란 더 드물고 특별해진 면이 있다. 물론 AI가 발달하면서 마구잡이로 전자책을 찍어 내거나 여기저기에서 짜깁기한 책을 양산하는 작가나 출판사가 없지는 않다. 그렇지만 출판계라는 곳에는 의외의 자정 작용이 있다. 독자, 작가, 평론가, 출판인 등이 만들어 내는 생태계에서 너무 불량한 것들은 '걸러'진다. 그들의 상

● 김성신, 『서평가 되는 법』(유유, 2025)

호작용이 결국 책을 '신뢰할 만한 것'으로 지켜 주는 셈이다.

그렇기에 신뢰자본을 얻고자 책의 세계에 접근하는 것도 요즘 시대에 유용한 전략이 될 수 있다. 내가 블로그에 저작권 관련 책의 서평을 꾸준히 올리고 관련 내용도 정리하고 있다면, 남들이 볼 때 나는 '거의' 저작권 전문가다. 약간의 글재주를 발휘하여 나만의 관점을 담아 그런 내용을 보다 친절하게 쓸 수 있다면, 관련 내용에 관심 있는 누군가는 나에게 호감을 가질 법도 하다. AI로 찍어 냈는지 어떤지 알 수 없는 콘텐츠를 양산하는 것보다, '내돈내산'을 인증하며 내가 진심으로 독서를 즐기는 사람이라는 '이미지'를 보유하는 건 분명 내 사회적 위상에 도움이 된다.

책을 쓰는 것도 마찬가지다. 'PDF 전자책 한 권당 10만 원 받고 팔면 부자될 수 있다'는 식의 이야기가 유행하면서 너도나도 온갖 저품질 전자책 콘텐츠를 양산하기도 하는 시대이지만, 여전히 출판계 중심부에서 진지하게 논의되는 책들은 양질의 퀄리티를 유지하고 있다. 그런 세계에 제대로 된 원고를 가지고 '진입'할 수 있다면, 책으로 연결된 전국의 '신뢰자본 네트워크'에 발을 들이는 셈이다.

당신이 방송 프로그램의 담당 작가라면? 전문가 출연자를 초빙해야 하는데, 정체 모를 블로그에 AI로 생성했을지도 모를 콘텐츠만 양산해 놓은 사람을 찾을 것인가, 아니면 제대로 된 출판사에서 양질의 책 한 권을 낸 저자를 찾을 것인가? 윗선에서 제대로 결재를 받고 후일의 리스크를 피하려면, 어쨌든 '신뢰자본'이 있는 사람을 초청하려 할 것이다. 이는 실제로 오랫동안 방송 진행자로 일한 김성신 출판평론가가 나와 함께한 대담회에서 했던 이야기이기도 하다.

오로지 '유명세' '팔로어' '인지도' 같은 관점에서 세상을 피상적으로 보는 사람에게는 그 밑바탕에 깔린 두터운 사회적 '신뢰 네트워크'가 보이지 않는다. '어떤 어그로를 끌든 유명해지기만 하면 된다'는 모토로 눈에 보이는 팔로어 숫자에만 홀려 다른 것을 보지 못하는 것이다. 그러나 우리 사회에는 여전히 보통 사람들이 잘 인지하지 못하는 '신뢰자본'이 흐르는 깊은 강이 있다. 그 강물에 발을 담글 줄 안다면, 의외로 삶에서 새로운 흐름을 만나게 된다.

겉으로 볼 때는 유명한 사람이 모든 걸 다 가진 것 같다. 많은 사람의 열광적 지지를 받고 온갖 화려함 속에서 헤엄치며 천국에 사는 귀족처럼 보이기도 한다. 그러나 속을 들여다보면 '실속 없는' 경우가 많아도 너무 많다. 채널 관리비, 편집비, 외주비에 일종의 품위 유지비처럼 각종 유흥과 인맥 관리, 소비 생활에 수입을 고스란히 바치다가 한순간에 모든 걸 잃는 경우도 적지 않다. 우리가 추구해야 할 것은 잠깐 불타 올랐다가 녹고 마는 화려한 양초가 아니라, 은은하게 오래오래 빛나는 달이다.

책은 그 은은한 빛남에 다가갈 수 있는 상당히 유용한 매체다. 책을 사랑하고 아끼고 좋아하는 사람들이 만들어 내는 '책의 생태계'가 유지되는 한, 책은 계속하여 '신뢰가 흐르는 강'을 지키고 있을 것이다. 그 세계에 찬찬히 다가가는 것이 독립하여 사는 사람에게 제법 괜찮은 전략이 될 수 있다.

또 다른 신뢰자본, 강의

오늘날 사업에서는 사람들에게 내가 권위자라고 말하는 것만으로는 충분하지 않다. 알고 있는 것을 공유하고 다른 사람을 가르치는 방식으로 실질적인 전문성을 증명해야 한다. 자기 자신만 의지할 게 아니라, 구독자와 고객을 가르침으로써 권위를 쌓아 그들이 진정으로 배우고 이해하고 성공하도록 해야 한다. 그런 일을 꾸준히 해 나가면 올바른 종류의 권위를 세우고 확립하게 된다.●

1인 기업가이자 작가, 디자이너 등으로 살아가는 폴 자비스는 독립한 삶에서 강의의 유용성을 강조한다. 그는 스스로 '권위자'라고 떠들고 다니는 것보다, 차라리 전문적인 이야기를 직접 강의하면서 사람들이 자신을 권위자로 '느끼게' 만들라고 말한다. AI의 발전으로 아무나 '전문가인 척'할 수 있는 이 시대에 더욱 새겨 들어야 할 얘기다.

너도나도 AI로 양산한 이야기를 내세우며 전문가라고 자처하는 지금, 오히려 의심을 사기는 쉽고 신뢰를 얻기는 더 어려워졌다. 그럴 때 '라이브 강의'는 내가 진짜 신뢰할 만한 사람임을 알리는 표지가 된다. 수준 높은 강의 내용과 실시간 질의응답을 통해 내가 진지한 고찰을 하며 살아가는 전문가라는 점을 '증명'할 수 있기 때문이다. 현장에서 실시간으로 증명되는 '전문성'은 온갖 가짜 콘텐츠로 치장한 '가짜 전문가'를 압도한다.

그러니 기회가 닿는 대로 강의를 하면서 온 세상 사람에게 내 전문성을 증명할 필요가 있다. 실시간 현장

● 폴 자비스, 『1인 기업』(이강덕 옮김, 성안당, 2021)

강의야말로, 내가 '진짜'임을 증명할 수 있는 가장 강력한 수단이라고 믿는 것도 나쁘지 않다. 실제로 신뢰 관계 없이 엮인 1천 명의 팔로어보다, 현장에서 나의 전문성을 제대로 신뢰하게 된 10명이 일적으로는 더 중요한 사람이 될 수 있다. 내 강의를 인상 깊게 들은 사람들이 또 다른 연결을 만들어 주는 경우는 흔하게 일어난다.

강의를 일회성 돈벌이라 생각하지 말고, 최선을 다해 준비해서 감동과 신뢰를 주어야 하는 진지한 인터뷰 현장이라 믿어 보자. 물론 뭐든 처음부터 잘할 수는 없겠지만, 차차 나아지려는 노력은 반드시 해 나가야 한다. 세상에는 전국의 기관 교육 담당자들이 모이는 자리, 전국 교사들이 모이는 자리, 전국 사서들이 모이는 자리 등 온갖 자리가 있다. 그런 자리에서 좋은 강의를 할 수 있다면 '신뢰의 강'에 깊게 발을 담그는 셈이다.

그렇다면 강의 자리는 어떻게 찾아야 할까? 당연히 내가 홀로 전문성을 쌓는다고 강의 자리가 뚝딱 생기진 않는다. SNS에 내 전문성을 열심히 홍보하는 것도 물론 도움이 되지만, 초창기엔 내가 먼저 강의 제안서를 쓰는 등 더 직접적인 행동을 해야 한다. 강연자를 소개해 주는 여러 플랫폼이 있으니 그런 곳에 가입하는 것도 좋은 방법이다. 기관 단위의 프리랜서 강사 모집, 예술 강사 모집 등도 찾아보면 심심찮게 존재한다. 처음에는 이런 식으로 강의를 시작해 보자.

누구나 처음은 있다. 내가 잘할 수 있을지 의심하기보다는, 열심히 준비해서 어떤 기회든 활용하는 것이 좋다. 내가 세상의 톱클래스가 되어 다른 방식으로 어마어마한 신뢰나 인지도를 확보한 다음에야 강의 같은 것도 시도해 보겠다는 마음은, 합리적인 계획이라기보다는 두려움을 회피하려는 현실 도피일 수도 있다. 죽이 되든 밥이 되든 일단 하고 본다. 거기에서부터 도토리 줍듯이 조금씩 신뢰를 얻어 가는 것이다.

무엇보다 나의 전문 분야에 대한 자신감을 가질 필요가 있다. 10년 정도 디자이너로 살았다면 나는 디자인 전문가가 맞다. 편집자로 10년쯤 일했다면 출판 전문가라고 볼 수 있다. 변호사가 되었다면 일반인이나 청소년에게 교양 법률 강의 정도는 충분히 할 수 있는 전문가다. 내 안의 너무 높은 이상과 기준에 짓눌리지 않고, 나의 전문 영역 밖에 있는 타인들 앞에서 당당할 필요가 있다. 그들을 위해 최선을 다해 준비하고 강의한다면, 한 사람의 '전문가로서 강의'하는 내 모습이 이상할 리 없다.

자신이 없어도 여기저기 강의 기회를 달라고 소리

치고 다녀 보자. 각종 강사 플랫폼에 연사 등록도 빼놓지 말자. 관심 분야의 강사 모집에 직접 신청해보는 것도 방법이다. 그러다 보면 나중에는 강의 요청이 너무 쏟아져서 추려 내야 할 때가 올 수도 있다. 단가나 가성비는 그때 가서 따져도 늦지 않다. 독립한 사람에게 돈보다 소중한 신뢰자본을 쌓을 기회를 놓치는 것은 무척 아쉬운 일이다. 당신이 아직 신뢰자본이 충분치 않다고 느낀다면, 필사적으로 신뢰를 주워 모아야 한다.

+

독립과 돈

목돈과 최소한의 수입처는 마련할 것

독립하려는 사람이 가장 걱정하는 것 1순위는 단연 '돈'이다. 매월 따박따박 들어오던 월급이 사라진 상황의 공포를 극복하기란 쉽지 않다. 당장 내야 하는 보험료, 공과금, 카드값, 통신비, 대출금, 그 밖의 온갖 비용을 생각하면, 한 달이라도 월급이 들어오지 않으면 못 살 것만 같다.

그래서 독립을 준비하는 많은 사람이 최소한의 목돈은 마련해 둔다. 대출을 받는 것도 보통 직장인이 유리하니, 미리 좋은 금리로 비상용 마이너스 통장을 뚫어 두는 것도 괜찮은 방법이다. 독립하기로 마음먹었다면 적어도 6개월은 버틸 수 있는 목돈은 준비해 두고 실행하라고 권하고 싶다.

내 경우엔 처음 퇴사를 결심했을 때 아예 '6개월 조건부'를 내세웠다. 무엇보다 아내를 설득해야 했으므로, 6개월만 최선을 다해 보고 수입 등에서 문제가 있다고 판단되면 곧바로 새로운 직장을 알아보겠다고 했다. 나는 이것도 괜찮은 전략이었다고 생각한다. 직장을 1, 2년 다니고 6개월 독립해 보고, 다시 1, 2년 다니고 6개월 독립해 보는 식으로 '직장 커리어'를 완전히 잃지 않으면서 '독립한 삶'의 감을 누려 보는 것도 나쁘지 않다.

몇 년씩 일을 쉬면 우리나라 조직의 특성상 바로 '경력 단절'로 규정해 버릴 수도 있다. 하지만 반년에서 1년쯤 쉰 것 가지고 '치명적인 백수'로 몰아세우는 경우는 별로 없다. 조건이 된다면 몇 달간 실업급여를 받으면서 독립할 기반을 쌓기도 한다.

나는 퇴사를 할 때 '글쓰기 수업'을 할 수 있는 여건을 마련해 둔 상태였다. 글쓰기 수업을 하면 적어도 몇 개월간 최소한의 수입은 얻을 수 있으니, 그걸로 공과금 등을 충당하며 어떻게든 버텨 볼 요량이었다. 일단 시간이 적게 드는 간단한 아르바이트를 하며 월세를 벌고,

나머지 시간은 독립 기반을 쌓는 데 쓰는 경우도 보았다. 이렇게 최소한의 경제적 안전망을 마련해 두고 독립을 하는 것이 바람직하다.

그러지 않고 무턱대고 직장을 박차고 나오면, 얼마 안 가 퇴직금만 다 써 버리고 망망대해를 떠도는 신세가 될 수 있다. '6개월'만큼은 돈을 어디다 쓰고 어디서 충당할 것인지 최소한의 계획을 세워 둬야 한다. 현대 자본주의 사회에서 우리를 가장 패닉에 빠트리는 순간은 호랑이나 코브라가 나타났을 때가 아니라, 말라 가는 통장 잔고를 보며 생존 위협을 느낄 때다. 그런 상황에 빠지지 않도록 미리 예산 계획을 세워 둘 필요가 있다.

초기 비용과 고정비를 최소화할 것

젊은 나이에 스타트업을 차려 본격적인 사업을 시작하는 사람은 대개 큰 투자를 받는 것을 최우선 목표로 삼고 그것을 '최고의 시작'이라고 믿곤 한다. 사업을 크게 벌이는 게 목표라면 그런 방법도 어느 정도 의미가 있을 것이다. 그러나 '자유'를 최우선시하며 어떻게든 홀로 일하는 삶을 누리고 싶은 사람이라면, 큰 투자를 받거나 큰 규모로 일을 벌이는 것은 오히려 독이 된다. 특히 당장 비싼 사무실부터 계약하고 인테리어에 큰돈 들여 가며 화려한 시작을 갈망하는 건 상당한 리스크가 따르는 행위라고 본다.

물론 초기 비용이 많이 드는 병원이나 식당처럼 큰 투자가 꼭 필요한 경우도 있다. 개업 변호사 중에도 사건을 수임하려면 사무실이 으리으리하고 멋져야 한다면서 초기에 엄청난 인테리어 비용을 투입하는 경우도 있다. 어찌 보면 이는 스타일 차이라고 할 수 있는데, 나는 큰 초기 비용이나 고정비가 '원금 회수'라는 측면에서 상당한 스트레스가 되고 삶의 조화를 깨트린다는 걸 깨달은 뒤로 고정비 자체를 필사적으로 줄여 나갔다.

'큰돈 벌려면 큰돈 들여야 한다'는 건 여전히 세상의 진실일 것이다. 레버리지를 크게 당길수록 성공하면 큰돈을 버는 건 자명하다. 그러나 나는 지속 가능한 독립을 위해서는 '리스크 관리'가 절대적으로 필요하다고 생각한다. 의외로 많은 사업가가 이 '고정비 리스크'를 관리하지 못해서 폐업하거나 파산한다. 사무실 유지비, 직원 월급, 홍보 비용, 그 밖의 각종 부대비용만 없었어도 폐업하지 않았을 경우를 수두룩하게 봤다. 나중에는 내가 고정비 대려고 독립했나 싶을 정도로 밤낮없이 일하며 주객이 전도된 처지에 놓일 수도 있다.

나는 최대한 시간을 자유롭게 쓰면서 적정한 돈을 벌어 내가 원하는 대로 살고자 독립했다. 직장 다니면서 가장 아쉬웠던 점이 저녁을 가족과 함께 먹을 수 없다는 것이었다. 퇴근하고 지옥철을 타고 집에 돌아오면 대략 7시 반에서 8시 사이인데, 배고픈 아이는 그때까지 나를 기다릴 수 없어서 아내가 아이랑 먼저 저녁을 먹곤 했다. 퇴사한 뒤로는 매일 아이에게 저녁을 차려 주고 함께 놀고 운동을 한다. 독립한 이유는 이처럼 시간의 주인이 되기 위해서지, 내가 만든 사업체의 노예가 되려는 것이 아니었다.

고정비를 줄이는 방법은 다양하다. 일단 사무실은 '가상 주소'를 부여받는 것으로 대체한다. 요즘에는 가상 주소를 매우 저렴하게 내주면서 각종 회의실이나 작업 공간은 물론 복사기, 스캐너, 팩스 등도 이용하게 해 주고, 우편물도 수령해 주고 전화까지 받아 주는 공유오피스가 많다. 세무 업무도 초창기에 일이 많지 않을 때는 직접 해 보는 것도 나쁘지 않다. 그런 식으로 고정비를 몇만 원에서 몇십만 원까지 충분히 줄일 수 있다.

고정비가 덜 들면 내가 해야 할 일들에 집중하면서 내가 원하는 삶이 무엇인지 탐구하며 나아갈 수 있는 여력이 조금 더 생긴다. 돈 되는 일이면 아무거나 허겁지

겁 해치우는 게 아니라, 장기적 신뢰와 연결 면에서 보다 의미 있는 활동을 선별해 낼 여유를 조금은 더 갖게 된다. 실시간으로 돈이 깎여 나간다는 초조함에서 벗어나면, 조금은 더 올바르고 나에게 필요한 시야가 열린다.

수입과 지출은 항상 기록할 것

직장에 다니면 수입과 지출을 엄밀하게 기록하지 않는 경우가 많다. 어찌 됐든 월급은 매달 들어오니까 적금이나 보험비 등이 펑크 날 정도만 아니면 별 걱정 없다고 생각하곤 한다. 그러나 독립한 사람은 수입이 일정하지 않다. 수입과 지출을 엄격하게 파악해 여력이 얼마나 되는지 확인하면서 나아가야 한다.

만약 이번 달에 번 돈이 평달보다 많다면, 다음 달엔 급하게 돈을 버는 일은 줄이고 조금 더 긴 안목이 필요한 일에 집중해 볼 수도 있다. 지출의 패턴을 파악해 월평균 지출이 얼마나 되는지 알게 되면 내 여력도 가늠할 수 있다. 그러지 않았다간 갑자기 많이 번 달에는 흥청망청 쓰고, 어느 날엔 급속도로 말라붙은 통장 잔고를 보며 패닉이 올 수도 있다.

자신의 재정 상황을 정확히 파악하는 건 일을 맡으며 보수를 결정하는 데에도 중요하다. 제법 여력이 있는 상황이라면, 살짝 무리가 되어도 '돈은 덜 주지만' '연결은 더 많은' 일을 맡아 볼 수 있다. 강의료만 봐서는 보통 수락하지 않을 일이지만 수강생 규모나 성격 등을 고려해서 재능기부한다는 느낌으로 참여해 보는 것이다. 그러나 빠듯한 상황이라면 그 달은 단가 높은 일 위주로 채워 가야 할 것이다. 따라서 매달 모든 수입과 지출을 꼼꼼하게 기록하는 건 '기본 중의 기본'이라 볼 수 있다. 나 또한 내가 매달 얼마를 벌었고, 어떻게 비용을 썼는지, 그렇게 해서 모아 둔 비상금 등은 얼마가 되는지를 항상 체크한다.

독립하여 살아간다는 건 기본적으로 자유로운 일이다. 나는 거의 날마다 내가 원하는 시간에 일어나 모닝커피를 마시며 동네를 어슬렁거리고 일할 만한 장소도 기웃거려 본다. 남들이 회사에 있는 시간에 프리랜서 친구를 만나 수다를 떨 때도 있다. 엄격한 출퇴근 시간에 갇혀 있지 않기에 남들과 다르게 휴가 시즌을 정할 수도 있고, 상황에 따라 하기 싫은 일은 거르고 더 중요하고 영감을 주는 일에 힘을 쏟아 보기도 한다.

그러나 동시에 독립은 나를 보다 '총체적'으로 책임

지는 일이다. 매달 예산 흐름을 파악해 수입과 지출을 유연하게 관리하고, 새로운 일감을 꾸준히 받을 수 있도록 연결에도 게을러선 안 된다. 신뢰자본을 끊임없이 관리하고, 비상 사태에 대비한 안전장치를 항상 마련해 두어야 한다. 한쪽에서는 마냥 여유로워 보이는 삶이 창출될 수 있지만, 다른 쪽에서는 늘 바삐 계산하며 준비하고 살아가는 자아가 있어야 한다.

한 가지 더, 퇴직연금이나 노란우산공제(소상공인을 위한 퇴직금 마련 제도) 등에도 꼭 가입해 두자. 직장인은 대략 '월급' 정도의 돈을 매년 자동으로 적립하여 퇴직 이후를 준비한다. 그러나 독립한 사람에게는 그런 게 없으니 세액공제 효과가 높은 연금저축이나 ISA, IRP 정도는 알아 둘 필요가 있다.

독립하여 일한다는 건 노후까지 스스로 챙겨야 한다는 뜻이다. 그동안 회사에서 채워 주던 복지나 연금 혜택 등을 분명히 인지하고, 앞으로는 그런 부분까지 스스로 채워 나갈 방법을 고민해야 한다.

나오는 말
독립의 이유

직장을 떠나 독립해서 살다 보면, 내가 왜 이런 삶을 택했는지를 묻게 되는 순간이 언젠가 온다. 가끔은 조직에 소속되어 안정적인 인간관계와 복지를 누리는 직장인이 부럽기도 하다. 그럴 때면 내가 이 삶을 선택한 이유에 답할 수 있어야 한다. 나는 왜 굳이 밖으로 나와서 사는 삶을 택했는지 말이다.

직장을 나오는 이유는 사람마다 다르다. 동료나 상사와의 관계가 너무 힘들어서 어떻게든 탈출하기로 마음먹었을 수도 있고, 정해진 시간에 출퇴근하는 삶이 아닌 자유롭게 시간을 쓰는 삶을 꿈꾸었을 수도 있다. 엄청난 사업 아이템이 떠올라 대박을 내고 경제적 자유를 얻고자 당차게 밖으로 나온 사람도 있을 것이다.

내가 나온 이유는, '독립하여 일하는 삶'이라는 라이프스타일을 갖고 싶어서였다. 죽기 전에 하고 싶은 일이 있다면 더 열심히 해 보고, 아이가 더 크기 전에 더 많은 시간을 함께하고 싶었다. 가능하다면 한 달씩 해외살이를 하며 일하는 삶도 살아 보고 싶었고, 어릴 적 꿈이었던 '글쓰는 삶'을 얼마간 실현시켜 보고 싶기도 했다.

당장 다음 달 수입이 걱정되고 여기저기 생각지 못한 지출이 늘어날 때면 직장을 너무 일찍 나왔나 후회하기도 했다. 그럴 때면 다시는 타고 싶지 않은 지옥철을 떠올렸고, 직장을 그만둔 대신 얻은 아이와의 시간을 생각했다. 분명 이 삶에는 내게 더 '나은 것'이 있었고, 그것을 생각하고 믿는 이상 순간적으로 떠오르는 후회들은 금방 사라졌다.

그런 관점에서, 나는 독립한 삶에서만 누릴 수 있는 것들을 더 누리기로 했다. 회사에 다닐 때는 꿈도 못 꾼 평일 오후 영화관 가기, 회사 일로 녹초가 되어 미뤄 왔던 운동이나 취미 생활 즐기기, 평일에도 부지런히 강연하고 방송 출연하기, 아이가 유치원 간 시간에 프리랜서 친구들과 우정 쌓기. 프리랜서 친구 한 명은 직장을 그만두고 '건강'을 회복한 것만으로도 충분히 만족한다는 이야기를 해 주었다. 그는 직장 다닐 때 허리 디스크가 터지고 공황장애가 왔는데, 돈이야 어떻든 그때는 몰랐던 건강의 소중함을 깨닫고 '건강해진 것'만으로도 이 생활을 후회할 수가 없다고 했다.

어디에서 어떤 라이프스타일로 살아가든 장단점이 있기 마련이다. 직장을 다니든 아니든, 나는 그 라이프스타일의 '장점'만큼은 확실히 누려야 한다고 생각한다. 반드시, 의무적으로, 의지적으로 누려야만 그 삶이 단단해진다고 믿는다. 내가 퇴사하자마자 시작한 일 하나가 아침 일찍 공원에 나가 달리는 것이었다. 예전 같으면 지옥철에 시달렸을 시간이라고 생각하니 그렇게 만족스러울 수가 없었다. 그런 '만족'이 쌓이고 쌓여 불안을 이기는 힘이 되고 내 삶을 긍정하는 근거가 되었다.

나아가 독립한 사람이 택할 수 있는 것이 하나 더 있다. 바로 '의미'를 갖는 것이다. 조직에 소속되어 있을 때는 월급을 받기 위해 하기 싫거나 신념에 반하는 일들을 해야 하는 경우도 있었다. 그러나 독립하여 살면서는 내가 의미 있다고 믿는 일을 할 수 있고, 신념에 반하는 일은 하지 않고 거절할 수 있다는 아주 큰 장점을 누리고 있다. 이런 자율성이 생겨나며 내 삶을 점점 내가 생각하는 '의미 있는 삶'으로 만들어 간다는 게 사뭇 만족스럽다.

    이 책을 읽는 독자들 중에는 현재 직장에 다니는 분도, 이미 독립을 한 분도 있을 것이다. 당신이 지금 어떤 삶을 살고 있든, 그 삶이 내가 진실로 원하는 것인지 거듭 생각했으면 한다. 진실로 원하는 삶이 아니라면 어떤 부분들 때문인지 정확하게 체크하고, 언젠가 그것들을 없앨 날을 향해 갈 수 있길 바란다. 내가 '진실로 원하는 것들'로 내 삶을 얼마까지 채울 수 있느냐, 이것이 독립하여 살아가는 나의 최대 화두이다. 100퍼센트 채울 수 있다고는 믿지 않지만, 직장을 다닐 때보다 훨씬 더 비중이 높아졌다는 것만큼은 확실하다. 당신이 어느 곳에서 어떻게 살아가든, 한 번뿐인 당신의 삶이 더 진실한 쪽으로 흘러가길 바라 본다.

글쓰기로 독립하는 법
: 쓰는 사람에게는 믿는 구석 하나가 더 있다

2025년 10월 4일　　초판 1쇄 발행
2025년 11월 4일　　초판 2쇄 발행

지은이
정지우

펴낸이	**펴낸곳**	**등록**
조성웅	도서출판 유유	제406-2010-000032호(2010년 4월 2일)

주소
경기도 파주시 돌곶이길 180-38, 2층 (우편번호 10881)

전화	**팩스**	**홈페이지**	**전자우편**
031-946-6869	0303-3444-4645	uupress.co.kr	uupress@gmail.com

	페이스북	**트위터**	**인스타그램**
	facebook.com /uupress	twitter.com /uu_press	instagram.com /uupress

편집	**디자인**	**조판**	**마케팅**
사공영, 조은	이기준	정은정	전민영

제작	**인쇄**	**제책**	**물류**
제이오	(주)민언프린텍	라정문화사	책과일터

ISBN 979-11-6770-137-4　04810
　　　979-11-85152-36-3　(세트)

독서모임 꾸리는 법
골고루 읽고 다르게 생각하기 위하여
원하나 지음

독서모임에 관심은 있지만 경험해 보지 못한 이들, 독서모임을 이제 막 꾸렸는데 어떻게 운영해야 할지 몰라 헤매고 있는 이들에게 필요한 독서모임 운영에 관한 여러 가지 정보를 담고 있는 책. 되든 안 되든 내가 직접 만들어 보겠다며 블로그를 통해 회원 세 명을 모아 작은 독서모임을 개설했다가 그 매력에 빠져 6년째 독서모임 운영자로 살고 있는 저자가 300여 명의 회원과 함께한 200회가 넘는 모임을 돌아보고, 독서모임을 꾸리고자 하는 이들에게 꼭 전하고 싶은 이야기와 모임을 개설하기 전 미리 알아 두면 유용한 정보를 알뜰하게 써냈다.

출판사에서 내 책 내는 법
투고의 왕도
정상태 지음

베테랑 편집자가 투고를 준비하는 예비 저자가 참고하면 좋을 만한 사항들을 정리한 믿음직한 안내서. 모든 원고의 첫 번째 독자이자 저자, 원고, 시장, 독자 모두를 고려하는 편집자의 복합적인 관점을 예비 저자가 익히도록 도움을 주는 책이다. 예비 저자가 자신의 원고를 어떤 방향으로 수정하고 보완해야 할지 생각해 볼 수 있도록 하는 동시에 콘셉트 만들기, 예상 독자 찾기, 기획서 완성하기, 투고할 출판사 찾기 등에 대한 친절한 조언이 담겨 있다.

나만의 콘텐츠 만드는 법
읽고 보고 듣는 사람에서 만드는 사람으로
황효진 지음

다양한 콘텐츠를 만드는 기획자 황효진이 머릿속에 잠들어 있는 아이디어를 '나만의 콘텐츠'로 만드는 법을 안내하는 책. 마인드맵을 활용해 내가 하고 싶은 이야기를 찾는 법부터 시작해서 콘텐츠를 기획한다는 것이 무엇인지 우리가 쉽게 이해하도록 설명하고, 책·잡지·팟캐스트·뉴스레터 등 매체 전반에 폭넓게 적용할 수 있는 기획법과 기획안 쓰는 법, 콘텐츠를 기획할 때 생각해야 하는 질문과 태도, 자신이 겪은 시행착오까지 솔직하게 담아냈다.

첫 책 만드는 법
가능성을 현실로 바꾸는 기쁨을 위하여
김보희 지음

한 번도 책을 내 본 적 없는 예비 작가를 찾아 그의 첫 책을 펴내는 작업을 꾸준히 해 온 편집자의 작업 지침서. 서점이 아니라면 어디서 어떻게 책이 될 만한 글을 발견하는지, 모든 것을 생소하는 예비 작가에게 책 한 권을 완성하는 길고 복잡한 과정을 어떻게 설명하고 보여 주는지, 유명세나 영향력에 기대지 않고 작가를 전혀 모르는 독자에게 그의 매력을 어떻게 내보이고 전달하는지. 스스로 맞닥뜨려 겪고 배운 첫 책 편집의 기술을 차곡차곡 정리해 가이드라인을 마련했다.

서평가 되는 법
읽고 쓰는 사람으로 책 세계를 만끽하기 위하여
김성신 지음

국내에서 가장 오랫동안 활동해 온 현역 서평가가 들려주는 겸업 서평가로 사는 법. 서평이라고 하면 사람들은 흔히 '지식인'의 글을 떠올린다. 적어도 책을 쓴 저자만큼은 '글밥'을 먹고, 신문이나 잡지 등 언론이 인정할 만한 지식을 가진 사람이 형식을 갖춰 쓴 글이라야 서평으로 볼 수 있다고 생각해 온 사람이 많다. 그러나 서평에 대해서는 아무도 글 쓴 사람의 자격을 묻지 않기에 누구나 서평가가 될 수 있고, 책에 대한 것이라면 무엇이든 형식이 어떻든 전 서평이 될 수 있다. 나아가 서평가가 많아져야 책 세계가 넓어지고 튼튼해진다. 책에 대한 존중과 애정을 가지고 있다면 지금 당장 한 발만 더 나아가 서평을 쓰고 서평가가 되어 보자!

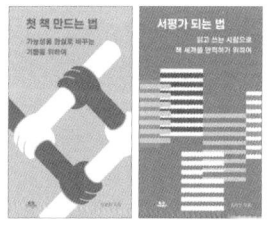